MOEWIG

© 2010 Edel Germany GmbH, Hamburg
www.edel.de
1. Auflage 2010

Lizenziert durch Studio Hamburg Distribution und Marketing GmbH

Projektkoordination NDR: Marco Otto, Gertie Vaske

Projektkoordination: Dr. Marten Brandt
Konzept und Redaktion: Andreas Ahlers, UpFront Presse
Layout, Herstellung und Satz: Ulf Carstensen, UpFront Presse
Lektorat: Myriam Jantoss

Umschlagfotos: iStockphoto.com/PPAMPicture (Titel);
Dorothea Ahlers | www.doro-shot.de, Ralf Möller-Dietz, bernjohann/flickr, laplaender/wikipedia,
Jann Wilken
Umschlaggestaltung: Groothuis, Lohfert, Consorten, Hamburg | www. glcons.de

Druck und Bindung: optimal media production GmbH, Röbel

Printed in Germany

ISBN 978-3-86803-446-2

Das BESTE am NORDEN

Geschichten über wunderbare Orte, besondere Menschen
und Ereignisse mit Tradition

Inhalt

Vorwort

Es gibt viele Dinge, von denen es heißt, „das ist aber typisch norddeutsch". Das berühmt-berüchtigte Labskaus gehört genauso dazu wie die Aalsuppe. Auch dass die Nordlichter humorlos und maulfaul seien, wird gerne behauptet: Wenn die „Fischköppe" überhaupt sprechen, dann auf Plattdeutsch. Ein emotionsloses „Moin" sei bisweilen das Einzige, was sie den ganzen Tag über von sich geben.

„Alles Quatsch!", bekommt zu hören, wer den echten Norddeutschen mit solchen Vorurteilen konfrontiert. Und tatsächlich: Begibt man sich in der norddeutschen Tiefebene auf Entdeckungstour, trifft man nicht nur auf ein äußerst aufgeschlossenes, charmantes und – jawohl! – humorvolles Völkchen, sondern auch auf zauberhafte Geschichten über wunderbare Orte, besondere Menschen und auf einzigartige Ereignisse mit Tradition.

Wir haben solche Geschichten für Sie gesammelt und zusammengestellt. Herausgekommen ist **„Das Beste am Norden"** – ein Bilder- und Lesebuch für alle echten „Fischköppe" und Fans von Norddeutschland.

Viel Spaß beim Schmökern!

Ina Müller schnackt über ...

Sie ist, was man in Norddeutschland eine „Seute Deern" nennt. Aufgewachsen auf einem Bauernhof in Köhlen bei Cuxhaven, erklärt die Sängerin, Kabarettistin, Buchautorin und Fernsehmoderatorin Ina Müller, was den Norden so besonders macht

... das Leben in einer norddeutschen Großfamilie

Das war extrem klassisch: Mama, Papa, fünf Töchter, Oma, Opa – alle auf einem Hof. Kühe, die gemolken werden mussten und Kinder, die mitgeholfen haben bei der Arbeit. Kinder, die alle lieber bei Tante Käthe und Onkel Klaus gewohnt hätten, die damals beide Lehrer waren. Man wollte am liebsten Einzelkind sein, wollte adoptiert werden und weg von diesem Bauernhof. Aber der Hof hat uns alle ein wenig stärker gemacht, stärker fürs Leben. Es war zwar aller sehr lustig – aber es ist alles viel weniger romantisch, als man immer meint. Der Norden ist schon ziemlich hart und klar und weniger verspielt und romantisch.

... die Kindheit auf einem Bauernhof im Norden

Das Schönste war eindeutig die frische Luft! Klar, es war ganz schlimm, wenn wir morgens um fünf mit dem Trecker raus auf die Wiese zum Melken mussten. Aber es roch dort immer so toll. So, wie es nie wieder in meinem Leben gerochen hat. Überhaupt: Ich habe mich immer gefreut, dass wir keine Schweinezucht hatten – ich mag ja unheimlich gern diesen Kuhstallgeruch. Überhaupt mochte ich diese verschiedenen Kackgerüche – Kälber, Kühe, Bullen, Hühner und ein bisschen Schwein. Das war wein toller Mixgeruch.

... Männer im Norden

Der typische Nordmann steht steif im Wind, guckt nach vorne, ist geerdet und hat ein gutes Verhältnis zum Schnaps. Was ich an ihm mag? Diese Mischung aus Dialekt,

„Toll am Nordmann finde ich, dass er mit dem Alter immer lustiger wird. Ja, der alte norddeutsche Mann hat einen guten Humor"

Bodenständigkeit und drögem Humor. Außerdem schafft es der Nordmann, mit drei Worten zu sagen, wofür der Rheinländer 28 Sätze braucht. Ich finde es schon eigenartig, wenn Männer zu viel sabbeln. Ich glaube, wenn der Opa schon den ganzen Tag über nur „Moin" gesagt hat und der Vater im gleichen Zeitraum gerade mal auf ein „Moin, Moin" kommt, dass der Sohn dann später ähnlich gestrickt ist. Wer dagegen mit sabbelnden Vätern und Großvätern groß wird, der sabbelt später auch. Das nennt man wohl Mentalität. Toll am Nordmann finde ich auch, dass er mit dem Alter immer lustiger wird. Ja, der alte norddeutsche Mann hat einen guten Humor.

... Schmuddelwetter im Norden

Ich finde richtig schlechtes Wetter wunderbar! Wenn man sich so gemütlich einmummeln kann. Ich fahre ja auch im tiefsten Winter auf die Nordseeinseln. Und wenn ich dann richtig dick angezogen bin, gehe ich raus an den Strand und stelle mich gegen den Wind. Wunderbar! Ich habe ja lange auf Sylt gelebt, und ich bin wirklich immer im Wasser gewesen, auch wenn wir nie einen richtigen Sommer hatten. Ich mag auch Regen und windiges Pisswetter. Auf pralle Sonne und Bollerhitze stehe ich nicht so wirklich.

... ihre Lieblingsstadt Hamburg

Mit einem Nicht-Hamburger muss man nur drei Sachen machen: eine Bustour im Doppeldecker durch Hamburg, dann eine Hafenrundfahrt, und schließlich geht man hoch auf den Michel. Das ist schon die erste Lockmaßnahme. Und dann ist da dieses riesige kulturelle Angebot. Mittlerweile stehen wir Berlin in kaum noch etwas nach: Wir haben bald eine Philharmonie, wir hatten einen schwulen Bürgermeister – wir haben das geilere Wetter und die schönere Stadt!

... das Nordsee-Watt

Ich finde das Watt komplett überschätzt! Wir haben ja nicht weit von der Küste entfernt gewohnt – in zwanzig Minuten waren wir an der Nordsee. Und da konnte man durchs Watt rüber nach Neuwerk wandern oder mit der Kutsche rüberfahren. Für die Verwandtschaft war das immer der Burner. Ob mit oder ohne Kutsche – für mich

„Ich finde richtig schlechtes Wetter wunderbar! Wenn man sich so gemütlich einmummeln kann. Herrlich!"

war das nichts. Die Füße in Matsch zu schlicken, ohne zu wissen, ob da etwas rumkriecht, das dir in den Zeh beißen könnte, ohne eine Ahnung davon zu haben, ob du im nächsten Moment auf eine Leiche trittst – das finde ich gruselig. Und immer diese Angst, nicht wieder rauszukommen, wenn man bis über die Knöchel weggesackt ist. Dass dieser Soog zwischen Matsch und Fuß dich rein physikalisch nicht wieder rauslässt. Nee, das ist nichts für mich. Watt ist Kontrollverlust.

... den Glauben im Norden

Der wichtigste Unterschied zwischen Nord- und Süddeutschen: Der Norddeutsche ist nicht katholisch. Der Süddeutsche ist also spirituell und strenggläubig erzogen und muss deshalb ständig in die Kirche rennen. Wir Protestanten gehen in die Kirche, weil wir Bock haben, und nicht weil wir es müssen.

... Plattschnacken

Der Zauber am Plattdeutschen ist, dass es nicht so grob und abgehackt klingt wie das Hochdeutsche. Die scharfen „s" sind durch schöne „t"s ersetzt. Die Sprache ist so wohlklingend. Außerdem ist es schön, auf Platt zu singen, weil es so reimbar ist. Fast englisch. Ich singe jedenfalls lieber auf Platt als auf Hochdeutsch.

... das Lustigsein im Norden

Leben und glücklich sein kann man überall – Hauptsache kein Karneval! Das hat der Norddeutsche halt nie über sich ergehen lassen müssen, dass ihm Schlipse abgeschnitten werden, dass er mit Blutwürsten beworfen wird und dass er zu einer bestimmten Uhrzeit lustig sein muss. Trotzdem ist der Norddeutsche gern lustig.

... Spazierengehen an der Nordsee

Allein dieses regelmäßige Rauschen des Meeres macht einen Spaziergang an der Nordsee zu einem herrlich meditativen Erlebnis. Und dann diese extrem frische Luft, die ja geradezu high macht! So viel Sauerstoff kriegt man im Schwarzwald doch gar nicht. An der Nordsee ist die Luft auch schön schwer, sie ist ein Aerosol und gut für die Raucherlunge und das Gemüt. Und dann diese endlose Weite … Ich habe nichts dagegen, auch mal im Wald spazieren zu gehen, aber ich habe eine enorme Zeckenangst. Deshalb bin ich ganz froh, dass die Küste übersichtlich ist, dass sie nicht mit Büschen und Bäumen vollsteht. An der Küste kannst du auch nirgendwo runterfallen. Du kannst zwar abstürzen, das tust du aber meist nur bei Ellie im Pub.

… das Essen im Norden

Mein Klassiker der norddeutschen Küche ist Swattsuer, also Schwarzsauer. Diese Blutsuppe gab's immer, wenn bei uns auf dem Hof mal wieder ein Schwein geschlachtet wurde: Sie bestand aus Blut, das mit Mehl, Salz, Nelken, Zwiebeln, Lorbeer, Pfeffer und Essig aufgekocht wurde. Mit zwölf Jahren habe ich zum letzten Mal Swattsuer gegessen. Und wenn ich darüber nachdenke, wird mir ganz anders … ■

„Der wichtigste Unterschied zwischen Nord- und Süddeutschen: Der Norddeutsche ist nicht katholisch"

3. Amrum

2. Roter Sand/
Wesermündung

4. Pilsum/
Ostfriesland

1. Eiderstedt/Westerheversand

5. Dornbusch/Hiddensee

6. Fehmarn/Südstrand

7. Kap Arkona/ Rügen

Die zehn schönsten Leuchttürme des Nordens

Wahrzeichen mit Tradition an den Küsten von Nord- und Ostsee

1. Westerheversand Aus 41,5 Metern Höhe leuchtet das Feuer dieses Turms (seit 1907 im Dienst der Seefahrt) bis zu 22 Seemeilen – also rund 40 Kilometer – hinaus in die Nordsee.

2. Roter Sand 1885 in Dienst genommen, steht der 28 Meter hohe, denkmalgeschützte Turm im offenen Meer in der Außenweser.

3. Amrum Mit 41,8 Metern ist er der höchste Leuchtturm an der schleswig-holsteinischen Westküste und seit 1875 Wahrzeichen der Insel Amrum.

4. Pilsum 1888 gebaut, wurde der 15 Meter hohe Leuchtturm am Deich Ostfrieslands 1919 außer Betrieb genommen. Heute kann man hier heiraten.

5. Hiddensee Der 28 Meter hohe Turm steht seit 1888 auf dem höchsten Punkt der Insel. Sein Feuer ist mit 95 Metern über der See die zweitgrößte Feuerhöhe eines deutschen Leuchtturms.

6. Fehmarn Das Besondere dieses 1903 gebauten, 25 Meter hohen Turms: Er trägt die 2,5 Meter hohe gusseiserne Laterne des alten Leuchtturms von Helgoland.

7. Rügen Das Leuchtfeuer von Kap Arkona besteht aus zwei Türmen: Der kleinere (Baujahr 1827) ist 19 Meter hoch, der größere (Baujahr 1901) misst 36 Meter.

8. Warnemünde Er gilt als Wahrzeichen des Ostseebades: der 1897 erbaute, 31 Meter hohe Leuchtturm. Seit 1919 wird er mit elektrischem Licht betrieben.

9. Neukirchen Der Leuchtturm in Neukirchen an der Flensburger Förde wurde 1968 errichtet und misst nur sechs Meter. Seit 1996 befindet er sich in Privatbesitz.

10. Borkum Er ist 63 Meter hoch, hat sechs Strahlen und steht seit 1879 inmitten der Ortschaft Borkum: Für den Bau des Großen Leuchtturms wurden 1,5 Millionen Ziegelsteine benötigt.

8. Warnemünde

9. Neukirchen

10. Borkum

Allein an der Ostsee,
so wird geschätzt, stehen
70 000 Strandkörbe.
Jeder ist eine private Oase
mit der Individualität
eines Reihenhäuschens

Sturmfreie Buden am Meer

Möblierte Küsten? Das gibt es nur in Norddeutschland! Rund 90 000 Strändkörbe säumen unsere Gestade. Wir haben uns die Sitzhäuschen mit Seeblick etwas genauer angeschaut

Angenommen, ein Schiffbrüchiger wird an eine unbekannte Küste gespült, sinkt entkräftet in den Sand und reibt sich die Augen. Was hat er gesehen? „Strandkörbe! Ich muss in Deutschland sein." In der Tat, kein anderes Land hat möblierte Strände. Das Wahrzeichen der deutschen Seebäder sieht aus wie eine fröhliche Kreuzung aus Wäschekorb, Kleiderschrank und Lokus. Thomas Mann liebte das „eigentümlich bergende Sitzhäuschen" als Ort der Inspiration. Den meisten Badegästen genügt die Transpiration. Doch gleichgültig, welche Ansprüche an das eigenartige Klappmöbel gestellt werden – es ist ein Stück Handwerkskunst, das sich bis heute gegen automatisierte Fertigung behauptet hat.

Strandkörbe gibt es wie Sand am Meer. Keiner kennt ihre Zahl. Zu Hunderten, ja Tausenden säumen sie die Wasserfront, von Borkum bis Usedom, manchmal ordentlich in Reih und Glied, als gelte es, preußische Ordnung in das Menschengewimmel der Hochsaison zu bringen. Allein an der Ostsee, so wird geschätzt, stehen 70 000 Körbe. Jeder ist eine private Oase mit der Individualität eines Reihenhäuschens. Auch Ausländer von korblosen Küsten, Engländer gar, nehmen ohne Bedenken darin Platz, sodass man von einem gleichsam völkerverbindenden Aussitzen des Urlaubs sprechen kann. „No German beach without Strandkörbe!", verkündet ein Werbeprospekt.

Wie die meisten ihrer Insassen sind Strandkörbe nur begrenzt mobil. Der vorherrschende Zweisitzer, dessen Durchschnittsgewicht bei 80 Kilogramm liegt, braucht starke Arme, um mit der Sonne oder gegen sie im Sand herumgezerrt zu werden. Drehbare Körbe auf Kugellagern wurden erfunden, aber nicht in den Sand gesetzt. In Reisekoffer und Boote verwandelbare Körbe blieben eine Schnapsidee. Nein, Innovationsfreude ist nicht die vorzüglichste Eigenschaft der deutschen Strandkorbmacher. In ihren Familien haben sich mehr Generationswechsel vollzogen als in ihren Produkten. Revolutionär war der aus der Materialnot geborene „Rhenaer zerlegbare Strandkorb", ein Plattenbaukasten, der sich im Auto zu allen DDR-Gewässern transportieren ließ.

An den klassischen Strandkorb werden viele geübte Hände angelegt: von Korbmachern, Tischlern, Schlossern, Polsterern, Nähern. Das Untergestell, genannt Bock, ist aus lasiertem Nadelholz. Zwei Seitenteile rechts und links schützen vor unliebsamen Winden und Blicken. Wäre der Schiffbrüchige vom Anfang unserer Geschichte ein Fachmann, er sähe sogar, ob er an der Nordsee oder Ostsee gestrandet wäre. Die Seitenteile sind an der Nordsee rechteckig, an der Ostsee geschwun-

Kompakt, mit gerader Linienführung in Haube und Seitenteil – so schnörkellos wie seine Umgebung präsentiert sich der Nordsee-Strandkorb

Die mondänen Seebäder lassen grüßen: Die Ostsee-Strandkörbe zeigen sich elegant mit geschwungenem Seitenteil und rundlicher Haube

gen. Das vierte Bauteil ist die ausladende Haube, der Oberkorb, mit dem ein Flechter am meisten Arbeit hat, rund drei Stunden. An seinen Schwielen erkennt man den fleißigen Flechter, an der schön geflochtenen Zopfleiste sein Werk. Die Männer mit den harten Fingern verarbeiten in jedem Strandkorb etwa 500 Meter jener Kunststoffbänder, die weiß, grün oder braun sind, wenn sie sich nicht gerade als spanisches Rohr oder Seegras ausgeben. Im Prospekt heißt das: „Kunststoffgeflecht in Naturoptik."

Wie der Korb zum Strand kam, ist nicht zufriedenstellend geklärt. Er stammt aus der Korbmacherei. Schon im 17. Jahrhundert waren Sessel bekannt, deren Lehnen sich wie schützende Nischen um den Sitzenden rundeten. Sie hielten ihm die Zugluft vom Leib. In kalten englischen Schlössern sollen sie später von der kaminfern eingesetzten Dienerschaft benutzt worden sein. Aber wann verließen sie das Haus?

In einem unterhaltsamen Buch über Strandkörbe, das man am besten in solchen liest, schreibt der Publizist Moritz Holfelder einem Rostocker Hof-Korbmacher die Vaterschaft zu. Wilhelm Bartelmann hat 1882 im Auftrag einer älteren, an Rheumatismus leidenden Dame eine Sitzgelegenheit für den Strand geflochten, „als Schutz gegen Sonne und Wind". Darauf saß sie dann in Warnemünde. Historisch steht ihr Strandstuhl allerdings auf wackligen Beinen. Schon 1871, im Jahr des letzten von Deutschland gewonnenen Krieges, war in Kiel ein Fachbuch für Korbmacher erschienen, darin fand sich ein „Strandstuhl mit Überdachung aus Weiden und Peddigrohr, mit Ölfarbe lackiert". Und schon vor Bartelmann sah man die typischen Sitzhäuschen auf Bildern von Scheveningen und Norderney.

Die Vermutung, der Strandkorb sei mit dem Seebädertourismus aufgekommen, liegt nahe. Er war freilich schon vor den Badenden am Strand. Als die frühen Touristen des 19. Jahrhunderts die Stadtluft zu fliehen begannen und die neue Eisenbahn bestiegen, um ans Meer zu fahren, wollten sie nicht gleich ihre Haut in Salzwasser, sondern ihre Lungen in Seeluft baden. Sie saßen ziemlich zugeknöpft im Sand. Den Rücken des Strandkorbs wandten sie der Sonne zu, die den hellen Teint verdarb. Strandleben war eine Trockenübung. Das Ansinnen, ein Seebad zu eröffnen, verwarf die Verwaltung der Insel Amrum noch 1885 mit der Begründung: „Die sittlichen Verhältnisse sind hier so befriedigend, dass bei einer Seelenzahl von 600 bis 700 Einwohnern nach Ausweis der Statistik in den letzten fünfzig Jahren nur alle zehn Jahre ein uneheliches Kind geboren wird … Alles dies würde sich zum Bedauern mancher Familien ändern, wie Beispiele des benachbarten Wyk und Westerland zur Genüge beweisen. Es würden überhaupt die guten Sitten und die einfache Lebensweise … zurückgedrängt werden."

Der Strandkorb, sagen seine Macher, sei technisch ausgereift. Dazu gehörte nicht viel. Die beweglichen Teile, nämlich Haube, Fußstützen, Klapptischchen, sind von einer Schlichtheit der Mechanik, die einen Liegestuhl als Hightech-Gerät erscheinen lässt. Der Fabrikant Johann Falck, ehedem Lehrling bei Bartelmann in Rostock, erfand vor reichlich 100 Jahren den Halblieger mit schräg nach hinten klappbarer Rückwand. Nun wurde es im Korb bequemer. Dem Halblieger folgte nach langem Zögern der Ganzlieger, in dem man sich richtig ausstrecken kann. Die Evolution der sturmfreien Buden am Strand hat nicht nur patentrechtliche, sondern auch moralische Fragen aufgeworfen. Die frivolste Antwort auf den Ganzlieger war eine Schlagermelodie: „Wenn die Strandkörbe wackeln, mein Kind, dann ist das nicht immer der Wind."

Ja, was macht man überhaupt im Korb? Man beobachtet, was die andern im Korb machen. Das füllt schon den halben Tag aus. Beliebt ist auch Dösen, Schlafen, Trinken, Essen, Sonnenbaden, Schwatzen, Spielen, Lesen (mehr „Bild" als Thomas Mann). Der Strandkorb ist das unentbehrliche Basislager für Familien, die den Aufenthalt in der mitunter stürmischen und sandhaltigen Seeluft als die schönsten Wochen des Jahres betrachten. Wehrhafte Kinder mit Schaufel und Eimer befestigen den Standort mit einem Sandwall, um feindliche Urlauberheere aus exotischen Bundesländern fernzuhalten.

Ein führender Hersteller ist Eggers im strandfernen Mölln, ein aus dem Osten zugewandertes altes Familienunternehmen, derzeit 24 Beschäftigte. Der Juniorchef Lars Eggers führt neugierige Kunden durch den Betrieb, der nicht eigentlich eine Fabrik ist, sondern aus lauter kleinen Werkstätten besteht. Unübersehbar: alles Handarbeit. Hier kriegen die Untergestelle ihre Holzschutzlasur. Da entstehen die verzinkten Verstellgriffe. Drüben ein Flechter mit einer fast vollendeten Haube. In Mölln produzieren sie täglich 20 Strandkörbe, manchmal mehr, wenn auch nicht zwölf Monate lang. Im Schnitt rollen drei- bis viertausend Körbe im Jahr vom Hof, etwa ein Drittel der deutschen Produktion. Der Großauftrag eines Seebads kann mehrere Hunderte Stück umfassen. Ein traditionsreicher Standort ist Use-

dom. In dem ehemals volkseigenen Betrieb Korb- und Flechtwaren Heringsdorf fand der Strandkorbautor Holfelder noch den alten Spruch an der Wand: „Verflochtene Ruten ein Ganzes ergeben. Ganzes wir stetig erstreben. Verflechtet die Menschheit zum friedlichen Leben."

Die am Strand aufgereihten Körbe gehören örtlichen Kurverwaltungen oder privaten Vermietern und können tage- oder wochenweise besessen werden. Der Tag kostete früher einmal 7 Mark, jetzt sind es 7 Euro, was irgendwie dem gängigen Umrechnungskurs des Gastronomiegewerbes entspricht. Strandkörbe lassen sich ohne Gebrauchsanweisung benutzen; man entfernt nur das Schutzgitter, das übrigens nicht zum Einsperren unartiger Kinder gedacht ist. Das moderne Kunststoffgeflecht hat die Körbe nicht schöner, dafür aber wetterfester gemacht. Zehn, fünfzehn Sommer widerstehen sie dem aggressiven Seewind, dem Sand und dem Sonnenöl, dann müssen neue her.

Die schlimmsten Feinde der Ferienoasen sind Sturmfluten und Randalierer. Aber da ist noch eine Spezies feinerer, besserer Körbe, die beides nicht zu fürchten brauchen. Sie stehen gar nicht am Strand. Eine offenbar wachsende Zahl von Feriengästen liebt die Kiste von der Küste als Inbegriff eines unverwechselbaren maritimen Urlaubsgefühls. Warum nicht den Urlaub nach Hause holen! In Gärten, auf Terrassen, neben Swimmingpools und Feuchtbiotopen haben die Strandkorbmacher ein neues Absatzrevier gefunden. Hier erfüllen sich alle Kundenwünsche, und seien sie noch so ausgefallen. „Die kleinsten Trauminseln der Welt" sind lieferbar in Teakholz mit Rattanfeingeflecht, mit Edelstahlbeschlägen, mit einer Riesenauswahl von Bespann- und Polsterstoffen und allerlei Kissengarnituren. Als unverwüstlich gilt ein Modell „mit wartungsfreiem Aluminiumgestell und einbrennlackierter Pulverbeschichtung". Für schmale Balkons gibt es den Einsitzer, für breitere Gärten den Dreisitzer, und für alles gibt es reichlich Zubehör.

Die schlichtesten Standardkörbe sind schon ab 600 Euro zu haben, ein hochgerüsteter Luxuskorb allerdings kann das Fünffache kosten. Preise für den Einbau von Kühlbox und Meeresrauschen vom Band sind nicht bekannt. Exportware geht in die fernsten Länder, wo sie als ethnische Sitzskulptur des alten Europa bestaunt wird. Selbstverständlich gehören Strandkörbe für Hunde, Kinder und Puppen zum Angebot. Ein Kulturschock für Amerika: Barbie steigt von der Hollywoodschaukel in den Strandkorb um. ■

Otto Dell Messier

Siegfried Baudewig und Frau

Annemarie Pezzi

Wir leben hier auf einer Hallig

Manchmal werden die Warften der Halligen zu Inseln: Wo Land war, ist Nordsee –
„Land unter". Wie lebt man, wenn das Meer so weit und die Warft so eng ist?
Sandra Schulz über Gesetze, Beziehungen und Strukturen auf Hallig Hooge

Dieter Nebendahl

Klaus-Dieter Niendorff

Samar und Merle Nour Sidani-Dell Missier

Otto Dell Missier
Von 1982 bis 2008 war
der gelernte Maurer und
Sohn eines italienischen
Wandergesellen Bürger-
meister von Hallig Hooge

Das Wasser kommt, als der Mond schon scheint. Hinter der Warft: ein tosendes, tobendes, grimmiges Meer, das über den Sommerdeich steigt, zwischen Pfählen hindurchschießt und sich mit jedem Angriff ein neues Stück
Rasen nimmt. Vor der Warft: ein stetiges Anschwellen, Schwappen und
Lecken, Wasser, das sich ausbreitet über Wiesen und Straßen, das alles überspült
bis auf das Brückengeländer und ein paar Büschel Schilfgras, das die Einfahrt des
Hauses emporkriecht, höher und höher. Dort, wo vor Stunden noch Land war, ist
jetzt Nordsee. Die Warften werden zu Inseln. „Land unter" auf Hallig Hooge.

Das Leben auf der Hallig ist ein Leben mit Extremen. Jeder Hooger hat seine
Geschichte zu erzählen. Wie bei der schweren Sturmflut 1962 das Wasser die Haus-
tür aufbrach und die Truhe und der Hund plötzlich im Flur schwammen. Wie man
sich mit drei Kindern und einem Kalb auf den Heuboden rettete, wie Mauern
einstürzten und alle Schafe ertranken. Wie die Fethinge, die Süßwasserteiche, vom
Meer versalzen wurden und wie das Vieh brüllte vor Durst.

Doch es gibt auch andere Geschichten. Geschichten von extremen sozialen
Bedingungen, von den Mechanismen und Gesetzen einer Kleinstgemeinschaft.
Hallig Hooge heißt: neun bewohnte Warften, also neun aufgeworfene Erdhügel
zum Schutz vor dem Wasser, 114 Menschen, die immer hier wohnen, mitten im
nordfriesischen Wattenmeer. Heißt: Im Gemeinderat berät sich der Bürgermeister
mit seiner Schwiegertochter und der stellvertretende Bürgermeister mit seiner
Stieftochter. Die Frau des Postboten macht nebenbei die Bank, am eigenen Küchentisch. Zwei Lehrer unterrichten zehn Schüler. Die Kindergärtnerin hat nur zwei
Kinder zu betreuen: ihre Tochter und ihre Nichte. Keinen Arzt gibt es, keine
Apotheke, nur einen Krankenpfleger. Der Supermarkt ist der kleinste in Deutschland. Und auf dem Briefkasten steht, was für die nächste Leerung wie für alles auf
der Hallig gilt: „tideabhängig". Die Hallig ist ein System. Sie ist ein Netzwerk von
Menschen, die das System reproduzieren und symbolisieren, von Menschen, die
langsam Teil des Systems werden, und von Menschen, die sich am System reiben.
Wie aber funktioniert das System?

Gucken

Für Geheimnisse ist das Land zu flach, die Warft zu eng, die Hallig zu klein – und das
Fernrohr zu gut. Ferngläser sind beliebt, zum Vögelbeobachten oder Ins-Watt-Hin-

Hinter der Warft: ein tosendes, tobendes, grimmiges Meer, das über den Sommerdeich steigt, zwischen Pfählen hindurchschießt ...

ausschauen. Oder um zu sehen, wer mit wem am Deich spazieren geht. In der Weite, wo ein einziger langer, gerader Strich Himmel von Erde und Wasser von Himmel trennt, lebt der Mensch ohne Deckung. Sonntag, 10:30 Uhr, rotes Fahrzeug von Ipkenswarft zu Hanswarft, das muss Siegfried sein auf dem Weg zum Frühschoppen. Wer Baudewig treffen will, macht sich jetzt ebenfalls auf den Weg zum Café „Seehund". Dem Abgang auf der großen Bühne, der Landschaft, folgt der Auftritt auf der kleinen, der Warft. Die Häuser auf den Warften sind meist im Kreis gebaut, dicht gedrängt, rund um den Fething. Die Zuschauer sitzen hinter Fenstern und gucken – ganz beiläufig –, wer und was draußen so läuft.

Wenigstens den Frühschoppen gibt es noch! Seit 30 Jahren sitzt Siegfried Baudewig auf demselben Platz am Stammtisch. Das Sonntagsbier ist Ersatz für das, was fehlt. Früher, als Baudewig noch Kind war, hockten die Männer abends im Halbdunkel zusammen. Sie rauchten, sie schwiegen, und wenn sie redeten, lauschten die Kinder auf Schaffellen liegend den Geschichten der Alten. Früher, als eine andere Warft fast schon Ausland war, als es keine Straßen gab, dafür Boote, die auf den Prielen fuhren, früher existierte die Warftgemeinschaft noch. Aber heute? Heute besucht ihn keiner mehr einfach so, ihn, der einst 14 Ehrenämter innehatte und überall half beim Straßen- und Deichbau. Baudewig, bald 80 Jahre alt, ist der Halligarchivar. Seit 20 Jahren sammelt er alte Zeitungsartikel, 25 000 Dokumente hat er abgeheftet. Die Sensation, als 1959 Hallig Hooge ans Stromnetz angeschlos-

In der Weite, wo ein einziger langer, gerader Strich Himmel von Erde und Wasser von Himmel trennt, lebt der Mensch ohne Deckung

sen wurde und die Hooger ein „Lichtfest" feierten mit Gesang und Tanz. Und die noch größere Sensation, als 1970 das „Wasserfest" folgte zu Ehren der neu gebauten Wasserleitung. Baudewig sammelt, „damit die alte Kultur nicht untergeht". Doch nur die Journalisten wollen sein „Lebenswerk" sehen. „Für die Hooger brauche ich das nicht zu machen", sagt Baudewig. „Ich mache das für meine Heimat."

Reden

Geredet wird viel auf Hooge, wenn nicht mehr in Wohnzimmern, so doch an öffentlichen Orten. Alle Hooger duzen einander, nur der Pastor, der Lehrer und der Bürgermeister werden gelegentlich gesiezt. Es gibt Orte, wo man reden kann: am „Klönschnack-Tisch" des Kaufmanns. Und es gibt Orte, wo man reden muss: auf der Fähre. Gerade im Winter, gerade donnerstags, wenn das Schiff die Hooger morgens am Festland absetzt und abends auf die Hallig zurückbringt, wenn der eine zum Arzt, der nächste zum Frisör, der Dritte zur Bank muss in Husum und alle einkaufen wollen im Großmarkt, ist der Informationsaustausch garantiert.

Morgens heißt es: Was hast du vor? Abends heißt es: Was sagt der Doktor? Und wer nicht selbst übersetzt, der trifft die halbe Hallig am Fähranleger. Die einen holen Gäste ab, die anderen sind einfach so gekommen. Dabei gehorcht die Kommunikation drei Gesetzen: 1. A sagt B nicht, was er von ihm hält, dafür sagt er es C, und später weiß es auch B. 2. Neuigkeiten werden weitergegeben, ohne die Quelle zu nennen. 3. Die eigene Meinung transportiert man versteckt mit dem Vorsatz: „Die Leute sagen …" Reden muss Otto Dell Missier auch. „Ich bräuchte nicht Tag und Nacht bereit sein, um ans Telefon zu gehen. Aber ich mach' das", sagt Dell Missier, der gar nicht mehr weiß, wie lange er jetzt schon Bürgermeister ist. Seit 1981 halt, seitdem wählen die Hooger den Spross eines italienischen Wandergesellen, den Maurer, der beim Küstenschutz arbeitete. Der Bürgermeister verkündet, ob der Fahrplan der Fähre eingehalten wird. Und im Notfall ruft er die Warftobmänner an – die Nummern aller Hooger kennt er auswendig – und gibt eine Sturmflutwarnung heraus.

Die Obmänner leiten die Nachricht weiter an die anderen Warftbewohner. Die wiederum, erzählt Dell Missier, wissen oft schon Bescheid, weil sie sich im Internet informierten. Ein wenig enttäuscht klingt die Stimme des 74-Jährigen, der von sich sagt, er komme mit der Technik gar nicht mit, da bemühe er sich auch nicht, das sollten die Jungen machen. Überhaupt, glücklich scheint der Bürgermeister über den Zeitenwandel nicht zu sein. „Das Gemeinschaftliche ist verschwunden", sagt auch er. Früher dauerten die Vorbereitungen für den Boßelball den ganzen Winter; manchmal ging man sogar zu Fuß übers Eis nach Pellworm, um Kümmelschnaps zu holen fürs große Fest.

Siegfried Baudewig
War über 25 Jahre der Halligarchivar und hatte 14 Ehrenämter auf Hallig Hooge innne

Feiern

Morgens Boßeln, abends Tanz – der Boßelball gilt als gesellschaftlicher Höhepunkt des Jahres. Schließlich wird der Meister des friesischen Wurfspiels mit einem Pokal geehrt. Der Boßel- und der Feuerwehrball sind die letzten Feste nur für die Hooger. Längst reisen die Fremden auch zum traditionellen Biikebrennen an, um sich am großen Feuer und am Reiz des Exotischen zu ergötzen. Beim Feiern weichen alte Grenzen auf. Als Wassergeist oder Schlumpf verkleidet, betritt an Silvester mancher eine Warft, auf die er seit Monaten oder Jahren keinen Fuß mehr setzte.

Doch auch jenseits der organisierten Geselligkeit bestimmen Rituale das soziale Leben auf Hooge. Der Geburtstag ist der private Festtag des Hoogers und zugleich der Tag der Wahrheit. Denn das Geburtstagskind lädt nicht ein, es wartet auf Gratulanten. Die, die sich zugehörig fühlen, gehen hin. Und so wird die Zahl und Art der Besucher zum Indikator für die eigene Wertschätzung. Dabei ist Gegensei-

Annemarie Pezzi
Besitzerin der Gaststätte „Friesenpesel" und eine der erfolgreichsten Frauen auf Hooge. 400 Leute kommen in der Saison zum Mittagstisch

tigkeit das herrschende Prinzip. Wenn A nicht zu B kommt, bleibt B künftig bei A weg – es sei denn, für das Fehlen gäbe es guten Grund. Viele führen deshalb einen Terminkalender, damit es zu keinen Pannen beim Glückwunschdienst kommt. An der Geburtstagstafel plaudern übrigens auch die miteinander, die sonst kein Wort mehr miteinander wechseln.

Annemarie Pezzi, 61, Besitzerin der Gaststätte „Friesenpesel", hat Baudewig gratuliert. Nicht nur, weil er ihr seine Weiden verpachtet. Nicht nur, weil sie weiß: „Er nimmt das sehr genau." Zwischen ihnen existiert eine Verbundenheit, obwohl Pezzi mit Baudewigs Sohn eine Nachbarschaftsfehde austrägt – per Anwalt. Pezzi ist eine der erfolgreichsten Frauen auf Hooge. Ihre Zielvorgabe: 100 Personen müssen in 59 Minuten gegessen, getrunken, gezahlt haben. In der Hochsaison kommen im Schnitt täglich 400 Leute zum Mittagstisch. Ihre Kundschaft: Reisegruppen, die einen Tagesausflug auf die Hallig machen. Ihr Erfolgsgeheimnis: perfekte Koordination. Mit dem Kapitän eines Schiffes – ein Verwandter von Pezzi, der gern die Speisen im „Friesenpesel" empfiehlt – telefoniert sie noch während der Überfahrt. Der Kapitän gibt durch: 50 Mal Fisch, 50 Mal Fleisch! Pezzi gibt durch: Bernd, nimm Gas weg! Wir brauchen noch Zeit! Gleichzeitig hält Pezzi Funkkontakt zu ihren Kutschen, den „Pferdebussen", die die Massen von Warft zu Warft chauffieren. Mit den anderen Lokalen lebt Pezzi in friedlicher Koexistenz. Man hilft sich gegenseitig, wenn einem mal die Pommes frites ausgehen. Denn alle wollen zufriedene Gäste, die wiederkommen.

Dazugehören

Natürlich gibt es Dinge, die es leichter machen, sich als „Zugezogener" zu integrieren. Platt zu sprechen ist eines dieser Dinge, arbeiten zu können ein anderes. Mit einem Hooger liiert, besser noch: verheiratet, am allerbesten: blutsverwandt zu sein, sichert die soziale Akzeptanz am nachhaltigsten. Denn dann scheint der Aufenthalt auf Dauer angelegt, und Dauer wird honoriert. Gezählt wird dabei in Wintern, nur wer im Winter da ist, ist wirklich da. Wer nicht geht, wenn die Stürme kommen, so wie es die Zweitwohnsitzler tun. Wer sich engagiert im Missionsnähkreis oder in der Marinekameradschaft, in der Feuerwehr oder in der Theatergruppe, im Segelverein oder im Ortskulturring.

Für die Mitgliedschaft im Boßelverein – dessen Satzung von 1914 bis heute fast dieselbe blieb – gilt als Eintrittsbedingung der erste Wohnsitz auf Hooge. Denn we-

„Ferngläser sind beliebt, zum Vögelbeobachten oder Ins-Watt-Hinausschauen. Oder um zu sehen, wer mit wem am Deich spazieren geht."

nigstens bei der „Ausbildung und Abhärtung des Körpers" (§2) möchte man unter sich bleiben. Doch niemand kann den Hoogern, deren Vorfahren beim Walfang andere Meere kennen lernten und die selbst oft noch zur See fuhren, niemand kann ihnen vorwerfen, sie seien nicht offen gegenüber Fremden. Bei vielen Ehen stammt ein Partner vom Festland, meistens die Frau. Eine Heiratsschmiede ist die Gaststätte „Friesenpesel". Einige, die hier als Angestellte arbeiteten, wurden später Hooger Ehefrauen. Es waren Touristen auf der Suche nach dem echten Friesen, die eine Kellnerin wegen ihrer schwarzen Hautfarbe beleidigten. Nicht Halligbewohner.

Polnisch, moslemisch, dunkelhäutig – alles darf man auf Hooge sein, aber kein „Klugschieter". Die Erwartung an die „Zugezogenen" ist klar: Erst mal schauen sollen sie, wie das Leben so funktioniert hier auf der Hallig. Nicht gleich einmischen, nicht gleich eintreten in jeden Verein, vor allem: nicht gleich einsteigen in die Politik. Und bitte nicht Plattdeutsch reden wie aus dem Lehrbuch. Die Neuen haben Bewährungszeit. Die, die nicht bestehen, bleiben einsam.

Dieter Nebendahl, ehemaliger Siemens-Manager, 66, kann sich nicht nicht beschäftigen. Sagt er. Kernreaktortechnik hat er studiert, in München lebte er fast 30 Jahre, leitete Millionprojekte in der Softwareentwicklung, gab ein Buch über künstliche Intelligenz heraus. Und lernte in Meilensteindiagrammen zu denken, diesen Schaubildern, die zeigen, wie aus Plänen Wirklichkeit wird. „Wie weit seid ihr?", fragte er seine Mitarbeiter. „T22", sagten die. Beruflich unterwegs in London

Dieter Nebendahl
1995 zog der ehemalige Manager aus München nach Hooge und wurde stellvertretender Bürgermeister

Andere Grenzlinien verlaufen zwischen den Sippen, obwohl die Stammbäume der Familien längst miteinander verwachsen sind

und Paris, verbrachte Nebendahl seinen Urlaub gern auf Hooge. Die Hallig erschien ihm als Inbegriff von Natur. 1995 kaufte er der Vermieterin seiner Ferienwohnung das ganze Haus ab. Er legte einen „Original Halliggarten" an und holte sich aus einem Münchner Antiquitätengeschäft eine friesische Holzplatte, 17. Jahrhundert, als Küchentisch.

Heute sitzt Nebendahl neben Baudewig beim Frühschoppen. Heute ist Nebendahl Vorsitzender des Fremdenverkehrsausschusses und stellvertretender Bürgermeister von Hooge, und er stellt Fragen wie: Wie lange darf man brauchen, um 143 Gästebefragungsbögen auszuwerten? Warum dauert das eine Woche und nicht einen Tag? Und warum gibt es in den öffentlichen Gebäuden keine einheitlichen Lichtschaltersysteme? Den logistischen Aufwand bei Reparaturen nennt er unprofessionell und ineffizient, das Verhalten der Hooger „ereignisgesteuert". Er wolle nicht ändern, um zu ändern, sondern um da Systematik reinzubringen, sagt Nebendahl. Sie stehen sich gegenüber, die Hooger mit ihrem Erfahrungswissen und dem Talent zur Improvisation, mit ihrer Gelassenheit und der Skepsis gegenüber Neuem, und Dieter Nebendahl mit seinem Willen zur Optimierung und dem Wunsch, dass es bei den anderen endlich „Klick macht". Der Himmel über Hooge verleite zu kühnen Gedanken, sagt Nebendahl und träumt vom Ausbau des Wintertourismus und von Wellness im alten Kuhstall. Doch vielen Bürgern sind seine Gedanken schon jetzt zu kühn.

Helfen

Was für die Hooger zählt, ist weniger die Rationalisierung als die Solidarisierung. Früher brauchten sie einander bei der Herstellung von Brennmaterial aus Kuhmist und bei der Heuernte, die vor den Herbstfluten einzubringen war. Wenn die Warftböschung bei „Land unter" beschädigt wurde, flickten die Warftbewohner gemeinsam ihren schützenden Wall. Heute ist für die Sicherheit der Warften das „Amt für ländliche Räume" zuständig, und wie überall, wenn der Staat die Bürger von Verantwortung entbindet, wurde auch auf Hooge der Zwang zur Solidargemeinschaft weniger. Doch gegenseitige Hilfe gehört noch immer zum Ehrenkodex. Da bittet einer den anderen, Hundefutter oder Medikamente mitzubringen vom Festland. Und in der Not, versichert einer, ziehe man den Trecker vom Nachbarn aus dem Wasser, obwohl man den Kerl sonst nicht mal grüße. Gerade die Bauern können sich auf helfende Hände verlassen: wenn das Pensionsvieh, das im Sommer auf der Hallig graste, verladen werden muss. Und wenn „Land unter" droht und alle ihre Rinder retten.

So sehr sind die Verhaltensregeln internalisiert, dass die Bereitschaft des einen zur Belastung des anderen werden kann. Einem Zugezogenen scheint es beinahe so, als wolle der Nachbar seine Hilfe gar nicht annehmen – aus Angst, sich selbst in Schuld zu bringen und zur Gegenleistung zu verpflichten. Auf Hooge, sagt Pastor Klaus-Dieter Niedorff, sei man auf die Gemeinschaft angewiesen. Mehr als auf dem Festland. Anfangs störte den Hamburger der ewige Verweis: „Wir sind hier auf einer Hallig!" Die schnelle Bereitschaft, sich abzufinden. Heute versteht er: Die Hooger akzeptieren, dass man äußeren Bedingungen ausgeliefert ist. Natürlich sei das auch Legitimation, Unerwünschtes abzublocken. Vielleicht aber haben die Hooger einfach Demut gelernt.

Niedorff mischt sich selten in politische Diskussionen ein. Aber er fragt sich, ob die Hooger – anders als Nebendahl es fordert – nicht die Winterpause brauchen. Sieben Tage die Woche mühen sich die Hooger im Sommer, und im September spüre man die Erschöpfung. Auch bei ihm. Wenn er wieder und wieder Touristen erklären muss, dass die Kirchwarft montags geschlossen bleibt, „dass der Friedhof montags uns gehört", weil die Hooger sich dann um die Gräber kümmern. Dabei führt er doch schon 300 Gruppen in der Saison durch die kleine Kirche.

Niedorff glaubt, dass der Pastor auf der Hallig mehr respektiert wird als auf dem Festland. Deswegen waren auch einige irritiert, als sich der Würdenträger dem

Klaus-Dieter Niedorff
Elf Jahre war er Pastor auf Hooge. Im Herbst 2009 ging er in den Ruhestand und verließ die Hallig

Theaterspiel widmete, und das in der Rolle eines angetrunkenen Postboten! Inzwischen schätzen die Hooger sein Engagement, und eines würde Niedorff nie tun: auf der Bühne den Pfarrer geben. „Ich spiel' nicht den Pastor, ich bin der Pastor", sagt Niedorff. „Mein Amt darf nicht beschädigt werden."

Abgrenzen

So viel teilen die Hooger miteinander, dass sie Grenzen ziehen müssen. Die äußeren Grenzen sind die Gartenzäune, die aus einer kleinen gemeinsamen Fläche, der Warft, viele winzige getrennte Grundstücke machen. Trennen müssen die Hooger aber auch zwischen verschiedenen sozialen Bereichen. Gerade weil sich immer die gleichen Menschen in unterschiedlichen Rollen begegnen – als Geschäftspartner, Verwandter, Nachbar, Vereinskamerad, Gemeindevertreter und Privatperson. Ein Mittel zur Differenzierung ist die Anrede. „Jetzt spreche ich dich, Otto, als Bürgermeister an", sagt der Lehrer auf einer Sitzung des Kirchenvorstands. Der Pfarrer ist in der Kirche der „Herr Pastor", bei der Theaterprobe aber Klaus. Was für einen Unsinn habt „ihr" jetzt schon wieder beschloßen?, muss sich ein Gemeindevertreter anhören. Dabei mögen sie ihn, den Hauke, doch ganz gern. Beim Boßeln wird übrigens gar nicht über Politik geredet, da wird geboßelt.

Andere Grenzlinien verlaufen zwischen den Sippen, obwohl die Stammbäume der Familien längst miteinander verwachsen sind. Da heiratete früher mal ein Binge eine Diedrichsen, eine Diedrichsen einen Baudewig, eine andere Binge ehelichte einen Dell Missier, und irgendwie hängen die Boyens und die Rolfs auch noch zusammen. Trotzdem wird unterschieden, wer zu welcher Familie gehört, und manchem entfährt der Satz: Das ist halt ein Dell Missier/Diedrichsen/Boyens. Die Binges gelten als gutmütig, die Diedrichsens als dickköpfig. Bei den Dell Missiers spüre man das Italienische, das Lebhafte, die Boyens wiederum agierten versteckt. Identität begründet sich zudem durch die „Warftverbundenheit".

Ohne Not würde niemand von einer Warft auf die andere ziehen. Die Wester-, Ipkens-, und Lorenzwarfter sind froh über den Abstand zu den Touristenzentren. Für die Hans- und die Backenswarfter beginnt dagegen ab der Ockelützwarft schon der ferne Westen. Gerade die Hanswarfter pflegen ihren Lokalpatriotismus; sie verstehen sich mit dem Kaufmann und dem Gemeindebüro als „downtown". Vor Jahren sah man hier den Aufkleber: „Hanswarft ist das Gelbe vom Ei".

Für Samar Sidani-Dell Missier, aufgewachsen in Beirut, wurde die Hanswarft zur neuen Heimat. Sie ließ ihre Wohnung, ihre Möbel und ihren Mann im Libanon zurück und fing auf Hooge als Kindergärtnerin an. Die Stelle auf der Hallig war schon seit Monaten unbesetzt, keine Deutsche wollte den Job. Samar aber wollte. Sie, die schon im deutschen Kindergarten von Beirut gearbeitet hatte, wollte weg vom Bürgerkrieg, wollte in Deutschland bleiben, das ihr immer so idyllisch schien. Seit 15 Jahren ist sie jetzt da, längst verheiratet mit dem Sohn des Bürgermeisters, einem der Zwillingsbrüder. Mit ihrer Tochter Merle Nour spricht sie arabisch, mit ihren Schwiegereltern platt. Sie betet fünf Mal am Tag, fastet im Ramadan, liest den Koran. Aber Weihnachten geht die Familie in die Kirche. Mit Pastor Niedorff steht sie auf der Bühne, die Verwandten sieht sie beim Kaffeetrinken. Jeden Tag um 16 Uhr ist Familienzeit im Haus des Bürgermeisters. Dem Rest der Hallig begegnet sie in ihrem eigenen Restaurant „Zum Seehund". Die Hooger, sagt Samar, waren von Anfang an nett zu ihr. Nach der Hochzeit allerdings waren manche nicht mehr ganz so nett. Denn nach der Hochzeit war Samar ja eine Dell Missier.

Vertrauen

Freundschaft, sagen viele, gebe es auf Hooge wenig. Unter den Alten vielleicht. Natürlich komme man mit einigen sehr gut aus, aber sein Innerstes zu öffnen, seine privaten Probleme anzuvertrauen – das wagen nur Einzelne. Zu groß ist die Angst, der andere könne kein Geheimnis wahren. Zu groß auch die Sorge vor heimlicher Schadenfreude. Und außerdem – wenn so viele so viel wissen, will man dann auch noch seine Seele offenbaren?

Nicht nur die Zugezogenen, auch manche Alteingesessenen pflegen stattdessen lieber alte Freundschaften auf dem Festland. Auf der Hallig, scheint es, ersetzt der soziale Abstand den räumlichen. So bleibt wenigstens ein Rest von Intimsphäre gewahrt. „Es ist zu eng, um enge Beziehungen zu haben", sagt der eine. „Man ist selbst so falsch, dass man dem anderen nicht traut", sagt der andere. „Aber bitte schreiben Sie meinen Namen nicht."

Auch das ist Hallig Hooge.

Das Wattenmeer – Weltwunder im Norden

Bestandsaufnahme in einer einzigartigen Region, die ständig in Bewegung ist

Landschaft, das sei der „Totalcharakter einer Erdgegend", soll Alexander von Humboldt einmal gesagt haben. Wenn das stimmt, so könnte ihm diese Erklärung an der Nordseeküste in den Sinn gekommen sein. Gibt es doch keine Landschaft, keine Gegend auf der Erde, deren Charakter uns den totalen Blick erlaubt wie das Watt. Von Horizont zu Horizont, in unverstellter Weite. Für manchen gar bewusstseinserweiternd: Wer sich als dreidimensionales Wesen einen zweidimensionalen Kosmos vorstellen will, der hat hier, auf der letzten Etappe der begehbaren Welt, eine gute Chance. Das Flache ist ein geeigneter Ort für tiefgreifende Gedanken.

So viel zum ersten Blick auf das Wattenmeer, zu unserer Erwartungshaltung, unseren Projektionen. Doch würde sich das Wattenmeer nur durch das Fehlen von Landmarken, von markanter Topografie auszeichnen, so wäre es nicht vor einem knappen Jahr zum Weltnaturerbe der UNESCO erklärt und damit in eine Reihe gestellt worden mit den Galapagos-Inseln, dem Great Barrier Reef bei Australien und ähnlich legendären Landschaften. Und in der Tat: Wer sich nur kurze Zeit dem Wattenmeer zuwendet, der spürt, dass es alles andere ist als ein platter Mythos. Das Watt ist eine der lebendigsten und auch dynamischsten Regionen, die unser Planet zu bie-

47 nach Christus besuchte der römische Geschichtsschreiber Plinius der Ältere das Watt und wusste nicht so recht, ob er es zur Land- oder Meeresfläche zählen sollte

ten hat. Als wollte es uns daran erinnern, dass das Leben schließlich genau am Übergang von Meer und Land erst richtig Fahrt aufgenommen hat vor vielen Millionen Jahren, so kann es heute mit der mächtigsten Schöpfungskraft der Welt aufwarten, mit der höchsten „Primärproduktionsrate", wie es die Biologen ausdrücken.

Nirgendwo sonst bildet sich aus anorganischer Materie mithilfe von Licht oder Chemie mehr Biomasse, mehr neues Leben als im Watt. Wer den Ursprung der Nahrungskette sucht, der gehe ins Watt, der kann sie dort auch weiterverfolgen über Zwischenstationen wie den Wattwurm bis hin zur Lachmöwe, die mit ihrer Wurmhälfte im Himmel verschwindet – während der Wurm unten auf wundersame Weise beginnt, einen neuen Schwanz zu bilden, den das nächste Mal vielleicht die hungrige Scholle schnappt. Die amphibische Landschaft hat ihre eigenen Gesetze. Und die sind hart. Der Wechsel von Trockenfall und Hochwasser fordert höchste Flexibilität von seinen Bewohnern, sie müssen gleichermaßen gewappnet sein gegen Verdursten und Ertrinken, müssen den Wechsel von Süß- und Salzwasser vertragen, die einen müssen sich gegen zu weites Verdriften wehren, andere sind darauf angewiesen, die Wellen als Vehikel für ihre Wege zu nutzen.

Doch es ist nicht nur Bewegung im Watt, das Watt selbst ist in Bewegung, es ist eine flüchtige Landschaft. Die allgemeine Begründung, mit der die UNESCO Landschaften oder Kulturdenkmäler zum Welterbe erklärt, mutet in seinem Fall fast ironisch an: „Sein Untergang" wäre „ein unersetzlicher Verlust für die gesamte Menschheit". Das Wattenmeer ist dem Untergang ausgeliefert wie nichts anderes, zweimal am Tag, nach

Strandurlaub: Seehunde sind auf nahezu allen ost- und nordfriesischen Inseln zu finden

Millionen unscheinbare Kieselalgen geben dem Wattboden seine typische Farbe

Ein beliebtes Sammelobjekt beim Wattwandern: die Herzmuschel (oben links). Bis zu 2000 Tiere hat man auf einem Quadratmeter gezählt

Rund 10 000 Tier- und Pflanzenarten sind im Watt zu Hause, 12 Millionen Zugvögel legen hier zweimal jährlich einen Zwischenstopp ein

Sie ist die kleinste Speisegarnele der Welt und gilt als das „rote Gold der Nordsee": die Krabbe

Die Krabbenfischerei richtet sich nach Ebbe und Flut. Von August bis November ist an der Küste Hochsaison

Einen Ausritt in die Weite des Wattenmeers vergisst man nicht so schnell

dem festen Fahrplan der Gezeiten. Nicht nur der Schutz davor wäre ein unsinniges Unterfangen, der Anspruch insgesamt kann hier nur anders gemeint sein. Wer meint, man könne einfach durch den Rückzug des Menschen am Wattenmeer in der heutigen Form irgendetwas erhalten über die Zeit von Generationen etwa, der sitzt einer Illusion auf, einer Fata Morgana, die ja auch zu den Besonderheiten des Watts gehört, etwa wenn Helgoland mal wieder kopfüber am Horizont erscheint.

Wenn überhaupt noch von Inseln, Prielen oder Sandbänken sich irgendetwas an der Stelle befindet, wo Meeressäuger, Zugvögel oder Urlauber es vor 100 Jahren antrafen, dann nur durch aufwendige Wehrbauten des Menschen. Wie radikal sich die Landschaft schon immer änderte, sieht man gerade an den kleinen nordfriesischen Inseln. Ein ums andere Mal ist die einst geradlinige Küste Schleswig-Holsteins in kleine Fragmente zerrissen worden bei Sturmfluten wie der „Großen Manndränke" im Jahre 1362 und vielen anderen. Dutzende Kilometer haben die Elemente sie landeinwärts verschoben. Vielerorts blieben draußen nur noch winzige Hügel übrig, die Halligen – sowie Mysterien und Mythen wie jene von dem untergegangenen Festland-Ort Rungholt nahe der heutigen Insel Pellworm.

Nicht nur Naturkatastrophen zerren an der Topografie. Ohne Schutz würden manche Inseln im Watt heute mit der Geschwindigkeit von drei-, vierhundert Metern pro Jahrzehnt wandern; im Westen nehmen Wind und Wellen das Land weg, im Osten fügen sie es wieder hinzu. Immer wieder verschwinden ganze Inseln, neue kommen hervor. Wie die Kachelotplatte, die, erst seit den siebziger Jahren sichtbar, heute bei norma-

Das Wattenmeer: Zahlen, Daten, Fakten

Alter Etwa 7500 Jahre. Es entstand nach der jüngsten Eiszeit im Schutz einer Inselkette.

Fläche 14 700 Quadratkilometer von Texel bis zur Ho Bucht, davon 8000 Quadratkilometer Meeresgrund mit heftigen Gezeitenströmen.

Tiere 3200 Arten leben in dem Gebiet. 250 von ihnen kommen nur im Watt vor.

Biomasse Die Summe aller Lebewesen, abgestorbener Organismen und organischer Stoffwechselprodukte ist im Wattenmeer größer als auf einer vergleichbar großen Fläche im tropischen Urwald.

Nachbarschaft Auf nur einem Quadratmeter Wattboden leben Millionen unscheinbare Kieselalgen. Sie verleihen dem Wattboden als bräunliche Schmierschicht seine typische Farbe.

Sauerstoff Kieselalgen sind ein Lebensmotor des Watts. Vier Hektar von ihnen produzieren so viel Sauerstoff wie ein Hektar Buchenwald.

lem Hochwasser schon nicht mehr überspült wird. Und nicht mal der tiefere Untergrund ist stabil. Als in der letzten Eiszeit die Gletscher in Skandinavien wuchsen, drückten sie das Land darunter hinab. Dadurch aber, als handele es sich um eine große Wippe, stieg die südliche Nordsee und mit ihr das Wattenmeer empor. Später, als sich das Eis bis vor etwa 10 000 Jahren wieder auf die Berge Norwegens zurückzog, wuchs das Land dort in die Höhe – entsprechend sinkt der Meeresboden der Nordsee seither wieder ab. In früheren Jahrtausenden stieg der Meeresspiegel an der Küste um etwa 33 Zentimeter pro Jahrhundert, im letzten Jahrhundert verlangsamte sich der Prozess auf etwa 20 Zentimeter in hundert Jahren, doch dies kann sich erneut drehen, wie eine Wanne, die abwechselnd an der einen und an der anderen Seite gehoben und gesenkt wird. Alles ist in Bewegung.

Beim angestrebten Schutz des Naturerbes kann es nicht um die stärkere Verfestigung des Status quo gehen, sondern nur um den Prozess Wattenmeer, sein bewegtes System. Wollte man dies konsequent umsetzen, müsste sich der Mensch zurückziehen. Vor zehn Jahren hat die Forderung schon mal im Raum gestanden nach Rückbau von Deichen, um der Natur ihren Lauf zu lassen, um den Salzwiesen wieder ihren Raum zu geben. Sie ist wieder verstummt. Darauf kann es auch nicht hinauslaufen. Die Küste ist Lebensraum – nicht zuletzt auch für den Menschen. Dass er das Wattenmeer zum Nationalpark erklärt hat und zum Weltnaturerbe, ist allerdings ein Versprechen, sich bei seinen Eingriffen in den Naturraum größtmögliche Zurückhaltung aufzuerlegen. Daran muss er sich halten. ∎

Der Wattwurm (oben Mitte) wird bis zu 40 Zentimeter lang und „filtert" im Jahr 25 Kilo Schlick. Biologen haben errechnet, dass die Tiere den Nationalpark einmal pro Jahr komplett umgraben und mit Sauerstoff versorgen

Matsch satt: Ob Wattfußball, Wattvolleyball oder Aalstaffellauf – bei der „Wattolümpiade" geht es um Spaß im Watt

2. Peter Heinrich Brix

3. Heidi Kabel

4. Maria Furtwängler

1. Jan Fedder

5. Moritz Bleibtreu

6. Maria Ketikidou

7. Axel Prahl

Die zehn beliebtesten Schauspieler Norddeutschlands

Menschen, die wir am liebsten im Fernsehen oder Kino sehen

1. Jan Fedder (*14.1.1955 in Hamburg): „Das Boot" machte ihn 1981 berühmt. Zum Publikumsliebling wurde er als Polizist Dirk Matthies im „Großstadtrevier" und als Kultbauer Kurt Brackelmann in „Neues aus Büttenwarder".

2. Peter Heinrich Brix (*13.5.1955 in Flensburg): Ob als schrulliger Polizist Lothar Krüger im „Großstadtrevier" oder als „Adsche" in „Neues aus Büttenwarder" – Brix überzeugt immer!

3. Heidi Kabel (*27.8.1914 in Hamburg, † 15.6.2010): 64 Jahre gehörte sie zum Ensemble des Hamburger Ohnsorg Theaters. Ihre Paraderolle: die norddeutsche Frau – geradlinig, witzig und mit viel Herz.

4. Maria Furtwängler (*13.9.1966 in München): Sachlich, kühl, überlegt – so ermittelt sie als „Tatort"-Kommissarin in der norddeutschen Tiefebene.

5. Moritz Bleibtreu (*13.8.1971 in München): Bekannt wurde er vor allem durch seine Hauptrollen in Kinohits wie „Lola rennt", „Knockin' On Heaven's Door" oder „Das Experiment".

6. Maria Ketikidou (*9.6.1966 in Hagen): Bekanntheit erlangte sie vor allem durch Fernsehserien wie „Sterne des Südens" und „Großstadtrevier".

7. Axel Prahl (*26.3.1960 in Eutin): Als „Tatort"-Kommissar Frank Thiel steht Prahl zurzeit gemeinsam mit Jan Josef Liefers in Münster vor der Kamera.

8. Mareike Carrière (*26.7.1954 in Hannover): Viele Rollen hat sie gespielt, darunter die Ärztin in „Praxis Bülowbogen" oder die Lehrerin in „Die Schule am See".

9. Hans Reincke (20.3.1922 in Wismar, † 15.11.2002): Ein Norddeutscher, wie er im Buche steht: wortkarg aber schlitzohrig, rau aber herzlich.

10. Jürgen Vogel (*29.4.1968 in Hamburg): Mit seiner Rolle in „Kleine Haie" wurde er 1992 über Nacht zur großen Hoffnung des deutschen Films. Zu Recht!

8. Mareike Carrière

9. Hans Reincke

10. Jürgen Vogel

Kurt Brakelmann (Jan Fedder)
Bauer – zudem visionärer Macher,
kömklarer neoliberaler Intellektueller
und global orientierter Kommunikator

Arthur Tönnsen (Heinrich Brix)
Bauer „Adsche" ist Kurts unangepass-
ter und angstfreier, stets trans-
zendental-gelassener Mitstreiter

„Neues aus Büttenwarder": Wie alles begann

Drehbuchautor Norbert Eberlein über den äußerst schwierigen Weg, Jan Fedder nicht schon wieder das Image des Kiez-Robin-Hoods oder -Pastors zu verpassen. Klar – ohne Lütt un Lütt ging's nicht

Im Frühling des Jahres 1997 wurde ich von einer sehr charmanten NDR-Redakteurin gefragt, ob ich nicht eine Idee hätte für eine neue „Heimatgeschichte" mit Jan Fedder. Ich hatte schon zuvor für diese Reihe geschrieben, unter anderem auch zwei Episoden für Jan, die ihn einmal als Kiez-Robin-Hood und ein anderes Mal als Kiez-Pastor zeigten. Ich fragte, wie es denn wäre mit Jan als Kiez-Kellner oder als Kiez-Klempner? Aber nein. Kiez sollte es jetzt nicht mehr sein. Das verstand ich. Man muss ja auch mal was anderes machen … Und wenn er Robin Hood wäre in Blankenese? Oder Pastor im Hafen? Zum Beispiel? Nein.

Ich hatte keine Ahnung, was ich schreiben sollte, erklärte der charmanten NDR-Redakteurin aber mit treuem Augenaufschlag, dass ich … da … schon was … im Hinterstübchen hab. Sie glaubte mir kein Wort. Aber immerhin hatte ich auf diese Weise Zeit gewonnen.

Es gibt nur eine Sache, die noch schwieriger ist als schreiben, und das ist nicht schreiben. Ein Problem beim Schreiben ist: Man braucht Ideen. Aber Ideen kann man nicht machen. Und man kann sie nicht finden. Man muss sie haben! Ich hatte keine. Ich dachte über Jan nach. Es ist immer hilfreich für den Autor, wenn er den Schauspieler, für den er schreibt, gut kennt und ihn mag. Das stimuliert die Fantasie. Und tatsächlich ratterte schon nach kurzer Zeit diese unglaubliche innere Kreativmaschine, erzeugte kesse Assoziationen, abgefahrene Ideen, brillante Bilder, und am Ende dieses Feuerwerks sah ich ihn vor mir: Jan Fedder als Kiez-Pastor. Scheiße.

Und so fand ich mich eines Abends wieder in diesem Kleinod draußen am See. Nur eine Handvoll Einwohner hat der Ort, den ich schon seit langer Zeit kannte. Wälder und Wiesen, ein paar Bauernhöfe, ein wunderschöner See mit versteckten Badebuchten – dieser Ort hatte mir schon oft weitergeholfen. Hier konnte man zur Ruhe und plötzlich auf erlösende Gedanken kommen, mutige Pläne schmieden

Auch die Dichtkunst ist in Büttenwarder zu Hause, wie Adsche und Brakelmann immer wieder beweisen

„Büttenwarder Sonett" von Arthur Tönnsen: „Oh sonnig, wonnig Büttenwarder, du vertreibst mir jeden Kader. Es gibt hier ein schönes Mädchen, sie heißt Gretchen. Drum will ich bleiben an diesem Ort Und überhaupt nich' wieder fort"

Eher spontan – die typische Brakelmann-Lyrik: „Was kann das im Leben Schöneres geben, als an einem schönen Tag mit einem Menschen, den man mag, im Gras zu sitzen … zu sitzen … hm … zu sitzen … und Bier und Köm zu schwitzen"

Kuno (Sven Walser)

Aufgemotztes Fahrrad, spektakuläre Garderobe, Lieblingslektüre: „Killerkralle". Das größte Talent des Stallknechts: Sich immer genau so zu benehmen, wie die anderen es von ihm erwarten – nämlich blöd

Dr. Schönbiehl (Günter Kütemeyer)

Begnadeter Rhetoriker, realitätsnaher Fantast und prinzipientreuer Opportunist: Der Bürgermeister von Büttenwarder ist ein Machtpolitiker par excellence

oder einfach nur Kraft tanken. Stundenlang ging ich durch den Wald, und als ich herauskam, sah ich ihn ganz klar vor mir: Jan Fedder als Kiez-Pastor.

Ich wollte wieder nach Hause fahren. Aber dann fiel mir auf, dass ich seit Stunden nichts gegessen hatte. Im Zentrum des Dorfes lag eine Kneipe – der Dorfkrug. Ich beschloss, meinen Spaziergang dort enden zu lassen, etwas zu mir zu nehmen und dann in den Bus zu steigen, der mich zurück nach Hamburg bringen sollte. Als ich an der Dorfstraße entlangging, fuhr ein Trecker an mir vorbei. Das war mir völlig egal. Und das Ding war mir immer noch egal, als ich den Dorfkrug erreichte. Er war dort geparkt, gleich neben einem roten Mofa. Der Dorfkrug war gut besucht wie immer, aber ich fand noch Platz am Tresen, bestellte mir Lütt un Lütt und Bauernfrühstück und dachte darüber nach, was ich sonst noch so beruflich machen könnte, jetzt, da doch meine Karriere als Drehbuchautor offenbar vorbei war. Noch standen mir alle Türen offen – sofern mich irgendein Arzt von der Zwangsvorstellung befreien könnte, ständig Jan Fedder als Kiez-Pastor vor mir zu sehen.

Im Dorfkrug redeten die Bauern darüber, ob es einer schafft, den Namen Leutheusser-Schnarrenberger dreimal hintereinander zu sagen. Ich blickte aus dem Fenster und dachte, dass ich doch eigentlich über andere Sachen schreiben müsste als über Jan Fedder, der als Pastor oder meinetwegen auch als was anderes auf dem Kiez oder woanders Robin Hood ist. Auf dem Balkan bahnte sich ein neuer Krieg an, die Asienkrise bedrohte die Weltwirtschaft, Mord und Totschlag dominierten die Zeitungen. Darüber müsste man schreiben! Darüber, dass der Mensch in Tausenden von Jahren nichts gelernt hat, weiterhin ständig versucht, schlauer zu sein, als er ist, immer wieder glaubt, das bessere Geschäft zu machen als derjenige, der ihn zu diesem Geschäft eingeladen hat, Moral als Spielzeug betrachtet et cetera.

Am Tresen begann nun einer der Bauern, Wetten anzunehmen. Man setzte gegen einen gewissen Adsche, der behauptete, er könne den Namen Leutheusser-Schnarrenberger sogar zwanzigmal sagen. Ich nahm mir eine Zeitung und las einen Artikel über ein großes Geldinstitut und seinen Vorstandsvorsitzenden. Der Mann sah aus wie der Bauer, der gerade die Wetten organisierte und sich selbst, wie er meinte, reichlich Nennwert davon versprach. Der Banker in der Zeitung sprach von Renditezielen. Ich hatte plötzlich das Gefühl, die beiden müssten Verwandte sein. Ich blickte zu dem Bauern und stellte zu meiner Überraschung fest, dass er nicht nur dem Banker ähnelte. Er sah aus wie Jan Fedder … ■

Shorty (Axel Olsson)
Sympathischer Büttenwarder Dorfkrug-Wirt, für den sein Beruf noch Berufung ist: Zapfen, Servieren, Schulden eintreiben

NDR-Talentwettbewerb in „Büttenwarder": Die Finalisten

Ende 2009 hatte der NDR zu einem „Büttenwarder"-Wettbewerb aufgerufen: Gesucht wurden Talente, die etwas ganz Besonderes können, etwas, das in der Kultserie bisher gefehlt hat. Die Resonanz war überwältigend: Aus mehr als 330 Videoclips hatte eine NDR-Jury die 20 besten Beiträge ausgewählt. Die nächste Entscheidung lag dann bei den NDR-Zuschauern. Mehr als 40 000 „Büttenwarder"-Fans machten mit und wählten die besten fünf Kandidaten. Die trafen sich zum Finale im Dorfkrug von Büttenwarder. Hier entschied sich, wer eine Gastrolle in der Serie um Bauer Brakelmann gewinnen würde.

De Inspringer rocken Büttenwarder

Mit ihrem Titel „Güllezeit" passen diese fünf hervorragend nach „Büttenwarder": Seit 18 Jahren machen Hauke, Kalle, Peter, Kurt und Jens plattdeutsche Musik. Ihr größter Fan: Pferdeknecht Kuno

D ie Erfolgsgeschichte dieser wohl norddeutschesten aller norddeutschen Boybands begann vor 18 Jahren auf einem Dorffest im nordfriesischen Bargum. Jens, Hauke, Kalle, Peter und Kurt saßen gerade fröhlich beim Bier, als der Veranstalter auf sie zukam: Die Kapelle sei ausgefallen, ob sie nicht vielleicht spontan einspringen könnten, schließlich seien sie doch eine Band … Eine Band waren sie, sicher, aber bisher nur im Proberaum – auf einer Bühne hatten sie noch nie gestanden. Trotzdem: Mutig nahmen die Jungs die Herausforderung an. Und damit stand der Veranstalter schon vor seinem nächsten Problem: Wie soll man eine Musikkapelle ankündigen, die keinen Namen hat? Nach einigem Hin und Her war auch das Problem gelöst: „De Inspringer" – „Die Einspringer" – waren geboren …

Diesem glücklichen Zufall (oder war es Fügung?) huldigen De Inspringer noch heute und tragen den schicksalhaften Namen in Ehren: Bewusst verzichten die (ein wenig älter gewordenen) Nachwuchsstars bis heute auf etablierte Musikproduzenten und -manager. Um ihrer Kunst den nötigen Raum zum Gedeihen zu geben, gingen sie allesamt weiterhin ihrem geregelten Broterwerb nach.

Seit 18 Jahren feilen sie an Liedern über ihre nordfriesische Heimat, komponieren Songs über Jauche oder feuchtfröhliche Boßeltouren. Als in „Büttenwarder" Talente gesucht wurden, standen De Inspringer sofort auf der Matte und bewarben sich mit dem Lied „De Gülletied", in dem es (richtig geraten!) um Gülle geht. Bei den Machern der Serie trafen sie damit voll ins Schwarze, mehr noch: Ihr eigens komponiertes Lied über die „Büddenwarder Jung" hat Sven Walser (bei „Büttenwarder" Kuno, der Pferdeknecht) so gut gefallen, dass er angeboten hat, bei dem Song mitzusingen. Und gemeinsam mit Kuno hatten De Inspringer dann auch ihren allerersten Auftritt im Fernsehen. Genauer: Bei der NDR Schaubude aus Heiligenhafen. Dort – wie sollte es anders sein – haben die fünf den ganzen Yachthafen mit ihrem unbestechlichen Charme verzaubert. ■

De Inspringer aus dem nordfriesischen Bargum sorgten bei der „Büttenwarder"-Jury für allerfeinste Laune

Linke Seite, oben links: Schauspielprobe mit Brakelmann und Kuno. Jens von De Inspringern hat die beiden Gülle riechen lassen …

Daneben: De Inspringer präsentieren ihren Song „De Gülletied"

Oben links: Auch in der Castingpause sorgen De Inspringer für gute Laune

Jens beim Hühnerfangen, einer der vier Aufgaben, die die Finalisten bewältigen mussten

Wencke, die friesische Kuhflüsterin

Nein, eine so junge Deern hat sich schon lange nicht mehr nach „Büttenwarder" verirrt. Die 13-jährige Wencke kommt nicht allein – sie hat auch noch ihre Reitkuh Zora mitgebracht

Wencke Clausen-Hansen wohnt auf einem Bauernhof in Nordfriesland. Da ihre Eltern ihr kein Pony kaufen wollten, ritt die 13-Jährige einfach eine Kuh zu – seither sind Zora und sie ein tolles Team!

Wenckes Papa war der Aufruf im NDR Fernsehen aufgefallen: Bei „Büttenwarder" werden besondere Talente gesucht – keine Schauspieler, sondern ganz normale Menschen, die allerdings etwas ganz Einzigartiges können. „Bewirb dich doch", hatte der Vater seiner Tochter gesagt. „Du kannst doch etwas ganz Besonderes." Genau das tat Wencke dann auch und wurde für ihren Mut belohnt: Die 13-Jährige aus Winnert in Nordfriesland wird demnächst mit ihrer Kuh Zora in einer Nebenrolle in einer neuen „Büttenwarder"-Folge zu sehen sein!

Und das kam so: Wie jedes Mädchen wollte Wencke früher ein Pony. Aber wie fast jedes Mädchen hat sie keines bekommen. „Reit doch auf 'ner Kuh", hatte ihr Vater gesagt. Wencke überlegte nur kurz – dann ging sie in den Kuhstall, suchte sich ein Kalb aus, nannte es Zora und fing an, es zu dressieren. „Ich spielte viel mit Zora und brachte ihr kleine Kunststücke bei", sagt Wencke. Auf der heranwachsenden Kuh zu reiten, das allerdings traute sie sich zunächst noch nicht. „Ich hatte ja keine Ahnung, wie Zora reagieren würde", sagt sie. Um das herauszufinden, setzte sie „sicherheitshalber" vorab ihre kleine Cousine auf den Rücken der Kuh. Und siehe da – es funktionierte!

Nun war Wenckes Ehrgeiz endgültig geweckt: Sie trainierte regelmäßig auf der Kuh, konnte sogar schon bald mit ihr galoppieren. Wencke: „Weil das aber irgendwann langweilig wurde, fing ich nach und nach an, auf Zora zu voltigieren." Während die Kuh über die Weide trottete, saß die Schülerin rückwärts oder seitwärts auf ihr. Und schon bald konnte sie sogar zwischen ihren Beinen liegen. „Auf einer Kuh zu reiten ist eine wacklige Angelegenheit", sagt Wencke. Und bis man eine Kuh so weit hat, brauche es viel Geduld. Aber so sind die Nordfriesen eben. Gut Ding will Weile haben. Und mit dieser Einstellung wurde aus einer gewöhnlichen Stallkuh und einer forschen Deern vom Lande „Wencke die Kuhreiterin" – die ihr außergewöhnliches Können demnächst in „Büttenwarder" zeigen darf. ◼

Eine so junge Deern hat
sich lange nicht mehr nach
„Büttenwarder" verirrt ...
Wencke mit Bauer Kurt
Brakelmann und Stallknecht
Kuno (linke Seite oben).
Für eine Szene soll Wencke
mit ihrer Reitkuh Zora
durchs Dorf galoppieren

Geschafft, der Ritt ist
im Kasten: Mit viel Liebe
und Geduld brachte
die Schülerin ihrer Zora
Kunststücke bei
und machte aus ihr eine
richtige Reitkuh

Büttenwarder next Generation

Ist das die neue Generation in „Büttenwarder"? Sieben junge
Niedersachsen wollen dort Wasserski mit Treckern populär machen.
Die Casting-Jury jedenfalls haben sie mit ihrem Talent überzeugt

Mutig, kreativ und durch und durch norddeutsch. Das sind „Büttenwarder next Generation" – sieben „Trecker-Wasserskier", die das große „Büttenwarder"-Casting in einem spannenden Finale gewonnen haben. Im Winter war den jungen Männern aus dem niedersächsischen Diepholz kein Fluss zu kalt, kein Acker zu lang, kein Trecker zu langsam, um ihren Traum zu erfüllen: ein Auftritt in „Büttenwarder"! Sogar eine Mini-„Büttenwarder"-Folge drehten sie für den Talentwettbewerb. Die vollkommen verrückte Idee, „Wasserski" auf dem Acker zu fahren, kam ihnen ziemlich spontan. Die „Bretter" wurden in einer Samstagnachmittag-Aktion gezimmert, und am Sonntag ging es – da beide Skiläufer blutige Anfänger waren – mit Trockenübungen auf dem Schnee los. Nach einigen sehr lustigen Stürzen und wackligen Beinen klappte es dann recht gut. Also hieß es: Ab auf den Graben!

Bei so viel Eifer und Mut verwundert es nicht, dass Arne und Gerrit Seevers, Cord Evers, Arne Hüneke, Michael Ahlers, Michael Heider und Jonas Thomsen das Casting als Sieger beendeten. Der Lohn für ihre Mühe besteht aus einem Einsatz im echten „Büttenwarder". Die Folge, in der sie zu sehen sind, heißt „War wohl Mord". Dort zeigen sie – natürlich auf einem kleinen Graben – ihr Können und fahren Trecker-Wasserski … ∎

Prüfung der Finalisten: Für die „Büttenwarder next Generation" trat Gerrit Seevers an. Er musste nicht nur auf dem „Heißen Stuhl" Fragen zur Serie beantworten können (linke Seite oben), sondern auch Hühner einfangen und einen Trecker-Parcours bewältigen

Sieben Männer aus Diepholz und ihr „Talent": Von einem Trecker gezogen, laufen sie Wasserski auf einem Bächlein (Bild linke Seite)

Die Sieger des Castings stehen fest: Die „Büttenwarder next Generation" und Kuh-Reiterin Wencke haben die Gastauftritte in der Kultserie gewonnen

2. Hafen Hamburg

3. Fischland-Darß

4. Kap Arkona

1. Harz/Brocken

5. Müritz

6. Schloss Schwerin

7. Altstadt Wismar

8. Rammelsberg

9. Lange Anna

10. Westerhever

Die zehn beliebtesten Sehenswürdigkeiten des Nordens

Wer die Wahl hat, hat die Qual! Hier lohnt sich ein Besuch

1. Harz/Brocken Unbedingtes Muss beim Besuch im Harz: eine Fahrt mit der Brockenbahn auf den höchsten Gipfel (1141 Meter) Norddeutschlands. Ein idealer Ausgangspunkt für ausgedehnte Wanderungen.

2. Hafen Hamburg 13 000 „Pötte" aus aller Welt laufen jährlich Deutschlands größten Hafen an. Highlights bei einer Barkassentour: Der Kreuzfahrtteminal, die historische Speicherstadt, die Landungsbrücken und der Containerhafen.

3. Fischland-Darß-Zingst Urwüchsige Waldgebiete, süße Fischerdörfer: Die Halbinselkette im Nationalpark Vorpommersche Boddenlandschaft muss man gesehen und erlebt haben.

4. Kap Arkona/Rügen Neben den berühmten Kreidefelsen bildet das 50 Meter hohe Felsplateau einen der interessantesten Küstenabschnitte an der Ostsee.

5. Müritz Der größte See Norddeutschlands ist ein Paradies für Vogelkenner und Kanufans: Hier, im Müritz-Nationalpark, findet man noch Natur pur.

6. Schloss Schwerin Der Mitte des 19. Jahrhunderts erbaute heutige Sitz des Landtags von Mecklenburg-Vorpommern zählt zu den bedeutendsten Bauten des Historismus in Europa.

7. Altstadt Wismar Die mittelalterliche Altstadt der Hansestadt steht auf der Liste des Welterbes der UNESCO.

8. Rammelsberg Ein UNESCO-Welterbe auch im Harz: Über 1000 Jahre wurde hier Erz abgebaut. Seit 1988 ist das ehemalige Bergwerk bei Goslar ein Museum.

9. Lange Anna Das Wahrzeichen Helgolands: der freistehende Felsen aus Buntsandstein! 18 Quadratmeter Grundfläche, 47 Meter hoch, 25 000 Tonnen schwer.

10. Leuchtturm Westerhever Das wohl bekannteste Wahrzeichen (Baujahr 1906) der Halbinsel Eiderstedt in Schleswig-Holstein kann auch besichtigt werden.

Die Brocken-Bezwingung

Süddeutsche mögen über solche Angaben schmunzeln. Fakt aber ist: Mit etwas über 1140 Metern ist der Brocken der höchste Berg Norddeutschlands. Zwei Reporter erklommen den König des Harzes – und hatten jede Menge Spaß dabei

Minus 28 Grad im Winter, Sturmböen bis zu 263 Stundenkilometern, 2713 Liter Regen pro Quadratmeter – das ist der Brocken, der extremste Berg Deutschlands in Zahlen. Er ist der Vorposten der deutschen Gebirge. Wie ein Wachturm erhebt er sich Ehrfurcht gebietend 1141,1 Meter aus der norddeutschen Tiefebene. Er ist unumstrittener König des Harzes, ein Herrscher ohne Gnade.

An diesem Berg prallt alles ab. Orkane toben regelmäßig über seine Granitkuppe. Schnee und Eis regieren mit eiserner Faust an 176 Tagen im Jahr. 306 Tage wabert Nebel über seine Hänge, und an keinem Punkt Nordeuropas klatscht so viel Regen herab. Warum also sollte man als Wanderer diesen harten, feindlich gesinnten Berg erklimmen? Ganz einfach: Es macht Spaß. Mein Wanderkumpel Torsten und ich klettern schon seit über zwölf Jahren durch Deutschlands abwegigste Gebirge.

Harzreise, kein Wintermärchen

Dieses Mal haben wir uns für den romantischen Heinrich-Heine-Weg entschieden, der im schmucken 267 Meter über dem Meeresspiegel gelegenen Fachwerkstädtchen Ilsenburg am nordöstlichen Rand des Harzes beginnt. Der Dichter soll von der Landschaft ganz benommen gewesen sein, als er 1824 den Brocken eroberte. Es ist kalt und herrlich klar an diesem Dezembertag. Vier Grad über Null, blauer Himmel, was wird davon auf dem Gipfel übrigbleiben?

Der 13 Kilometer lange Aufstieg beginnt am Ilsenburger Marktplatz, ein grüner Querbalken weist uns den Weg, den Heinrich Heine einst in seiner „Harzreise" beschrieb. Für Wandermarkierungs-Leseanfänger sei gesagt: Immer am rauschenden Flüsschen Ilse entlang, dann kann man sich nicht verlaufen.

Keine Weltraumrakete kurz vor dem Start, sondern das Wahrzeichen des Brockens: die 123 Meter hohe Sendeanlage für Rundfunk, Fernsehen und Datenrichtfunk

Eiszapfen, groß wie Rettiche

Der Ilsestein mit seinen 474 Metern ragt nach ein paar Minuten auf der linken Seite empor. Auf ihm bröckeln die Reste einer Burgruine geduldig vor sich hin. Vorsicht, lieber Wanderer: Der Weg ist stark rutschig, an den Felsen hängen Eiszapfen, groß wie Rettiche. Über den Bremer Weg geht es zu einem der Höhepunkte der Wanderung: den Ilsefällen. Kraftvoll stürzt sich der Fluss über die Gesteinsbrocken hinab. Vom Sturm gekappte Fichten liegen quer über dem Weg. Keiner räumt sie weg. Es wird steiler. Bald taucht das Heinrich-Heine-Denkmal hinter unserem kondensierten Atem auf.

Pause. Mütze runter, Handschuhe ausziehen. Zwei Schluck Wasser, ein Stück Schokolade. Das muss reichen. Wir erreichen ein Hochplateau. Der Sturm hat hier ganze Arbeit geleistet, entwurzelte Bäume, so weit das Auge reicht.

Der Weg führt nach Westen. Hinter einer 90-Grad-Kehre wartet eine Herausforderung auf uns, die es nur im ehemaligen innerdeutschen Grenzgebiet geben kann. Der Kolonnenweg. Über unebene Betonplatten geht es steil nach oben, und es ist böse glatt. Für die Grenztruppen in ihrem Trabbi Kübel war das bestimmt kein Problem – aber für uns!

Was macht das Pferd auf dem Brocken?

Unsere Vibram-Gummisohlen (die mit dem gelben Achteck) unter unseren Schuhen entpuppen sich als gigantische Fehlentwicklung der vollkommen überzüchteten Trecking-Branche. Jede nasse Baumwurzel, jeder Stein und erst recht überfrorene DDR-Betonplatten werden zur gigantischen Ausrutschfalle. Als Belohnung gibt der Weg dann aber eine grandiose Fernsicht frei, der Blick geht zum Eckerstausee.

Plötzlich taucht hinter uns ein Mann mit Cowboy-Hut und langem Mantel auf. Er zieht ein Pferd am Zügel hinter sich her.

„Was wollen Sie denn mit Hengst auf dem Brocken?", frage ich neugierig.

„Wieder runterreiten", antwortet der Mann knapp und ist schon vorbei.

„Komisch", frage ich. „Warum ist der Typ schneller als wir?"

„Weil er Cowboy-Stiefel trägt und keine Hightech-Schuhe", erklärt mir mein Kumpel.

Vor uns tauchen Radarturm und Antenne des Brockens auf, der Schnee wird immer höher. Die Fichten sind weiß gepudert. Winterwunderland.

Die Wetterwarte des Deutschen Wetterdienstes auf dem höchsten Berg Norddeutschlands: Bereits im 18. Jahrhundert bestiegen ihn Wissenschaftler zu Studienzwecken. Und seit 1836 arbeiten ständige Wetterbeobachter auf dem Brocken

Gipfelsturm in drei Stunden

Ein greller Pfiff zerreißt die Stille. Bald sehen wir Wattewölkchen aufsteigen – die Brockenbahn stöhnt heran. Die letzten Meter sind, wie häufig am Berg, die längsten. Der Weg ist so rutschig, dass der erste Sturz nur eine Frage von Sekunden sein kann. Und richtig, mein Wanderkumpel knallt hin und schliddert 20 Meter bergab. „So ein Mist, ich brauche Spikes", brüllt er. Und krabbelt im weiten Bogen, an der Gefahrenstelle vorbei, wieder hoch.

Nach knapp drei Stunden (und 874 Höhenmetern) stehen wir auf dem Brocken. Hier scheint es zehn Grad kälter als unten zu sein. Deshalb halten wir nur kurz am Gipfelkreuz inne. Niedersachsen liegt uns zu Füßen. Wir Glücklichen haben einen der wenigen nebelfreien Tage erwischt.

Aber das Panorama kann noch so schön sein – wenn der Frost durch die Jacke kriecht, ist Schluss. Schnell rein in die Hütte. Da die Brockenbahnpassagiere nach dem vielen Sitzen auch Hunger und Durst haben, ist der Laden rappelvoll. Alle Plätze sind besetzt.

Ich denke, es müsste ein Gesetz erlassen werden, das echten Wanderern in der Berghütte das Exklusivrecht einräumt, dort zu sitzen und zu essen. Endlich können wir unsere Bestellung aufgeben – der Klassiker für eine Tageswanderung im Winter ist eine warme Suppe mit Brot, ein großes Bier, und zum Schluss gibt's einen Wanderschnaps. Im Harz natürlich einen Schierker Feuerstein.

Er beflügelt unseren Abstieg. ■

Es müsste ein Gesetz erlassen werden, das echten Wanderern in der Berghütte das Exklusivrecht einräumt, dort zu sitzen und zu essen

Der Harz – Zahlen, Daten, Fakten

Größe Der Gebirgszug des Harzes erstreckt sich auf etwa 95 Kilometern Länge und ungefähr 35 Kilometern Breite in Nordwest-Südost-Richtung und bedeckt dabei eine Fläche von circa 2000 Quadratkilometern. Er ist das nördlichste Gebirge in Deutschland.

Höchster Gipfel Der höchste „Berg" ist der sagenumwobene Brocken: Trotz einer Höhe von „nur" 1141 Metern herrscht auf seiner Spitze alpines Klima. Die nächsthöheren Erhebungen sind die Heinrichshöhe mit 1044 Metern, der Kleine Brocken mit 1015 Metern und der Wurmberg mit 971 Metern.

Wieso „Harz"? Der Ursprung des Namens Harz (auch Hart) liegt in der mittelhochdeutschen Bezeichnung für Höhe oder Waldgebirge (Bergwald).

Natur pur Auch heute ist der größte Teil des Harzes (etwa 90 Prozent der Fläche) von Wald bedeckt. Der im Harz gelegene Nationalpark wurde 2006 als erster länderübergreifender Nationalpark Deutschlands aus den beiden bestehenden Nationalparks Harz (Niedersachsen) und Hochharz (Sachsen-Anhalt) gebildet.

Treffpunkt der Hexen Spätestens seit Goethe den Hauptsitz der Walpurgisnacht auf den Brocken verlegte, locken Hexenkult und höllisches Treiben alljährlich Tausende Besucher in den Harz. Pünktlich zur letzten Aprilnacht finden sich hier Gehörnte und Besenreiterinnen ein. Dann verwandeln Tausende Besucher aus ganz Deutschland die sonst so verschlafene Region in einen Hexenkessel.

1818 wurde der letzte freilebende Luchs des Harzes erlegt. Seit 2000 hat man 24 der drittgrößten Raubtiere Europas wieder angesiedelt

Norddeutschland erfahren – Zug um

Die Ferieninsel Rügen, das Teufelsmoor bei Bremen, Kappeln an der Schlei – wer diese Regionen

Zug zurück in der Zeit

für sich entdecken möchte, kann dies in einer historischen Bahn tun

Unterwegs mit dem Rasenden Roland

Benannt nach dem Schutzpatron der Bergleute, stampft auf Rügen seit über 100 Jahren die älteste Schmalspurbahn Deutschlands. Eine Fahrt in die Vergangenheit – mit 30 Kilometern pro Stunde

Wenn er kommt, bebt die Erde. 54 Tonnen schwarzen Stahls wälzen sich aus einer riesigen, weißen Rauchwolke. Ein mächtiges Zischen, Ächzen und hochfrequentes Quietschen – 994802-7, der „Rasende Roland", steht. Oben pumpen die Kolben der Dampfmaschine den Rauch in einem äußerst behäbigen Takt aus dem Schornstein. Man meint, gleich ist der Ofen aus. Unten quillt Wasserdampf aus den Überdruckventilen ins Gleisbett. Hier also, auf Rügen, Deutschlands größter Insel, sind sie noch in Betrieb: Dampflokomotiven, die mächtigen Zugpferde der Industrialisierung, Sehnsucht ganzer Jungsgenerationen, die von nichts anderem träumten, als solch ein Teil einmal steuern zu dürfen.

994802-7 verließ im Jahre 1953 die Montagehallen des VEB Lokbau in Babelsberg, das vor allem wegen seiner Filmproduktionsstätten weltbekannt wurde. Gedreht wird dort noch, Loks aber werden schon lange nicht mehr gebaut. Güterwaggons voll Kreide – das „Weiße Gold" Rügens – zog die Lok von den Felsen im Norden in den gut 50 Kilometer entfernten Hafen im Süden. Die Fähre brachte die kostbare Fracht anschließend nach Stralsund aufs mecklenburg-vorpommersche Festland.

Heute sind es vor allem Touristen, die der Rasende Roland von A nach B und zurück befördert. Die können es auf der 24,1 Kilometer langen Bäderstrecke zwischen Putbus und Göhren bequem haben und nehmen in den Personenwaggons aus den 1920er Jahren Platz. Sie gehörten übrigens einmal zur Reichsbahn. Oder sie buchen eine Fahrt auf der Lok. Doch Vorsicht! Die Rügensche Bäderbahn, der Betreiber, mahnt: „Mitfahrt auf eigene Gefahr." Und: „Ziehen Sie dunkle Kleidung an!"

Schwarz ist es im Führerstand. Denn drei Tonnen Kohle verbraucht 994802-7 in einer Schicht, das hinterlässt jede Menge Staub. Die Schicht dauert knapp zwölf Stunden, und der, der das Ungetüm an diesem Tag unablässig mit Brennstoff versorgt, heißt Johannes. Mitte zwanzig ist er, gelernter Schlosser, von Beruf Heizer

Die Rügener Schmalspur-
bahn (75 Zentimeter
Radstand) rollt (mit Unter-
brechungen) bereits seit
1895 – und ist damit eine
der ältesten Deutschlands

Die 994802-7 (oben) ist
eine von sieben Dampfloks,
die auf den 24,1 Kilo-
metern zwischen Putbus
und Göhren pendeln

„Bei uns kann jeder für
jeden einspringen", sagt
Lokführer und stellver-
tretender Betriebsleiter
Harald Gau. Heute ist
er als Heizer im Einsatz

und stammt aus Sachsen. Aus Liebe zur Dampflokomotive hat es ihn auf die Insel verschlagen: „Woanders fahren solche Züge ja kaum noch im Personenverkehr", sagt er. „Du musst da mal weg", bestimmt Johannes. „Ich brauch' Platz."

Die Dampfpfeife, die Lokführer Enrico jetzt betätigt, kündigt es an. Zwei Zylinder, jeder mit den Maßen eines mittelgroßen Mülleimers, treiben die zwölf roten Antriebsräder, sechs auf jeder Seite, an. Der Koloss setzt sich in Bewegung, nimmt langsam Fahrt auf. Und mit jeder Umdrehung der mächtigen Pleuelstangen schießt mehr Rauch aus dem Schornstein.

Wie groß ist der Vorhof zu Hölle? Er misst etwa zwei Quadratmeter, der Führerstand. Links steht Johannes, rechts Enrico, wie immer. Enrico wuchtet nun einen schwarzen Hebel herunter, eine mächtige gusseiserne Klappe öffnet sich. Dahinter lauert der Brennraum. Rund 1000 Grad Celsius sind da jetzt drin. Fütterung des Raubtiers: Sieben Schaufeln Kohle schmettert Johannes mit Schwung in den 2,20 Meter tiefen Schlund, um 6000 Liter Wasser am Kochen zu halten. Mit der Schaufel könnte man Schnee schippen und mit den Kohlebrocken Tennis spielen. Doch nicht allein die Fracht treibt Johannes den Schweiß aus den Poren, es ist vor allem die Gluthitze. Mit 40 bis 50 Grad Celsius ist es im Führerstand im Sommer eh schon ausgesprochen warm – öffnet sich die Klappe, kommen kurzfristig noch mal 20 Grad dazu. Vier Wasserflaschen schwimmen in einem Kübel, feste Nahrung ist weit und breit nicht in Sicht. „Was willst'e hier schon essen?", fragt der Lokführer. „Erstens hast du bei der Hitze keinen Hunger. Und wenn du dein Brot auspackst, ist die Butter weg und der Käse tropft dir auf die Schuhe."

14 Bar Druck im Kessel zeigt das runde Instrument auf Johannes' Seite an. Knapp am Limit. Jetzt leistet die Dampfmaschine 500 PS, zieht neun Waggons à 13 Tonnen, sich selbst und den Tender, auf dem sich die Kohlen befinden. Das Stahlross bringt es auf 30 Stundenkilometer, stampft durch grüne Wiesen, vorbei an Alleen, über Hügel und hinein in einen malerischen Wald. Der spendet grün-dunklen Schatten. Und der Fahrtwind kühlt – ein wenig zumindest.

Um 1895, als die Rügener Kleineisenbahn ihren Betrieb aufnahm, musste der Kohlewaggon mit der Schaufel befüllt werden. Heute erledigt das ein Förderband. Früher – da war das Schienennetz noch knapp 100 Kilometer lang. Sein Opa habe „Rüben, Milchkannen und so'n Schiet kreuz und quer über die Insel gefahren", erzählt Enrico, während er mal wieder Dampf gibt. Großvater war noch für die Reichs-

Volle Fahrt voraus: Satte kraftvolle 30 Stundenkilometer schafft der Rasende Roland in der Spitze

Pleuel, Fettnippel, Eisenräder: Bei der Dampflok funktioniert alles mechanisch. Manche Muttern, die die Kraft zusammenhalten, haben die Maße eines Bierdeckels

Das muss Liebe sein! Glänzen sollen ihre Stahlkolosse (links). Damit ihre Schützlinge aus Schwermetall auch morgens wieder voll zubeißen können, heizen die Lokführer auch in Nachtschichten

Nostalgie pur: In den Lampen der alten Dampflokomotiven glimmen keine modernen Leuchtdioden, sondern gute alte Glühbirnen

regierung unterwegs, der Vater hat die DDR mit Kreide und landwirtschaftlichen Produkten versorgt. Und der Enkel? „Wir befördern fast ausschließlich Menschen", sagt er. Als eine Museumsbahn will der Lokführer in dritter Generation die Kleinbahn trotzdem nicht verstanden wissen.

Und da liegt er richtig: Der Betrieb läuft ganzjährig – und er ist rentabel. Der erste Zug verlässt Putbus, das vor allem wegen seiner blendendweißen, klassizistischen Bauten Touristenmagnet ist, morgens um kurz nach acht. Der letzte erreicht die Endstation in Göhren um 23:28 Uhr. Dazwischen geht's nahezu im Stundentakt zwischen den Ostseebädern Binz, Sellin und Baabe hin und her. Binz, das ist so etwas wie die Badperle hier auf Rügen. Schicke Häuschen in Gelb und Rosa, Apartmenthäuser, die Tina, Paula oder Clara heißen, ein paar feine Restaurants und eine Promenade, die dem kleinen Ort den Beinamen „Westerland" Rügens einbrachte. Die Rüganer hören das nicht so gerne: Binz ist Binz. Das mag auch daran liegen, dass Westerland auf Sylt nun wirklich nicht das zu bieten hat, was ein wenig außerhalb von Binz ungläubig zu bestaunen ist: Prora, Europas größte Ruine, ein mehrgeschossiger, 4,5 Kilometer langer Gebäudekomplex. Ein Mann mit Namen Hitler ließ das Betonungetüm 1930 als Erholungsort für Werktägige erbauen – „Kraft durch Freude" lautete damals das Motto …

Fünf Mal am Tag hat der Roland eine kleine Überraschung für seine Gäste parat. Denn dann fährt er sogar noch ein Stückchen weiter. Nahe Putbus, an Rügens südöstlicher Küste, befindet sich das Örtchen Lauterbach. Von da geht eine Fähre rüber zur Insel Vilm. Heute Naturschutzgebiet, früher streng abgeschirmtes Feriendomizil des DDR-Staatsrats. Elf reetgedeckte Häuser, ganz im Stil Rügens, ließen sich die hohen Herren mit den grauen Hüten seinerzeit bauen. Sie stehen noch immer und sind eine der Attraktionen der Insel. Die Geschicke eines Landes indes werden heute nicht mehr auf Vilm gelenkt.

Aber 994802-7, die gebaut wurde, als Walter Ulbricht DDR-Staatsratsvorsitzender war, die fährt immer noch. Er tritt an zu seiner letzten Fahrt an diesem Tag. Gegen 24 Uhr erreicht der Rasende Roland den Heimatbahnhof Putbus. Enrico und Johannes haben Feierabend. Ein anderer Lokführer übernimmt. Nachtschicht. Denn ist die Glut einmal erloschen, braucht es sieben Stunden, um die Zugmaschine wieder flott zu kriegen. „Das ist dann so, als wenn du einen großen Suppentopf mit einem Teelicht erhitzen willst", beschreibt Enrico die Prozedur des Anheizens. Also Acht geben, dass der Kessel ja auf Betriebstemperatur bleibt … ■

Einsteigen, bitte! Eine halbe Million Fahrgäste – vor allem Urlauber – befördert der Rasende Roland pro Jahr

Zugbegleiter Bastian Königsmann ist nicht nur für eine pünktliche Abfahrt verantwortlich, er stellt unterwegs auch auch die Weichen

Kohleöfen in den Waggons (links) garantieren auch im Winter angenehme Reisetemperaturen

Per Express durchs Moor

Neuerdings verbindet die Hansestädte Stade und Bremen wieder eine direkte Zugverbindung. Wer mitfährt, braucht Zeit: Der „Moorexpress" benötigt drei Stunden – für 99 Kilometer …

Früher trugen die Kinder Tornister aus Leder. Waschpulver präsentierte sich den Müttern in stabilen Blechbüchsen. Und die Väter kauften ihre Zigaretten noch einzeln. Knallrot, mit zwei MAN-Dieselmotoren zu je 150 PS bestückt und stets als Zwillingspaar unterwegs: Willkommen im guten, alten Schienenbus! Nach zwanzig Jahren Pause verbindet dieses Gefährt neuerdings wieder die Städte Stade und Bremen – in den Sommermonaten von Freitag bis Sonntag.

Sein Name allerdings klingt etwas irreführend: Moorexpress! Irreführend deshalb, weil das Vehikel zwar 90 Kilometer pro Stunde auf die Uhr bringen soll, die Durchschnittsgeschwindigkeit aber so zwischen 20 und 30 Stundenkilometern beträgt. Wer kann das schon so genau sagen? Über hundert Mal wird der „Express" auf seiner Fahrt durch Marsch, Geest und Moor markerschütternd hupen und unbeschrankte Bahnübergänge und Feldwege mit maximal Schrittgeschwindigkeit passieren. Weshalb man es mit den Fahrplanzeiten auch nicht ganz so genau nimmt.

Auf Veloursbänken nehmen wir Platz und schauen Zugführer Axel Klein über die Schulter. Runde Armaturen und schwarze Knöpfe, in Holz gefasst, ein paar Lämpchen unter gewölbtem Glas, ein kurzes Zischen, Kuppeln, Gang rein, Gas geben. Ein echter Fünfziger setzt sich in Bewegung, passiert schlingernd und quietschend einige Gleise, die nach Hamburg führen und biegt dann rechts ab. Passen wir da wirklich durch? Passt. Mit rasanten 20 Stundenkilometern braust der Schienenbus durch einen sattgrünen Tunnel aus Bäumen und Büschen in die erste Kurve. Man könnte die Blätter pflücken, ließen sich die Fenster öffnen. Links flankieren die Zäune einer Schrebergartenkolonie die Strecke, rechts baumelt Muttis Wäsche in Reichweite zum Trocknen auf der Leine. Es scheint, als ob sich der Moorexpress direkt durch die Gärten von Stade pflüge.

Hinter uns haben zwei Pärchen aus Buxtehude Platz genommen. Butterbrotpapier knistert. Ob wir einen Becher Erdbeerbowle mittrinken möchten? Nach Worps-

Oben: Zusteigen auf Gleis eins. In Stade beginnt die Reise nach Bremen

Linke Seite: Picknick im Schienenbus – mit Erdbeerbowle und Snacks durch Marsch, Geest und Moor

Ganz links: Dunkel, süffig und stets an Bord ist das Moorbier mit Bügelverschluss für 1,50 Euro die Flasche

Stade: Die älteste Stadt Norddeutschlands?

Stood (plattdeutsch für Stade) hat eine lange Handelstradition. Schon um 1000 vor Christus kamen die ersten Siedler in die Gegend, und um 650 nach Christus errichteten ihre Nachfahren die älteste frühmittelalterliche Burganlage Norddeutschlands (weshalb Stade wohl auch die älteste Stadt im Norden ist). Und das hatte gute Gründe! Denn Stade war bis weit ins 13. Jahrhundert hinein eine der norddeutschen Handelsmetropolen und gehörte folgerichtig später auch der Hanse an. Als einziger natürlicher Hafen zwischen Hamburg und Cuxhaven und als wichtiger Elbfährort, der Schleswig-Holstein mit Niedersachsen verband, hatte Stade im Handelsverkehr zwischen Nord und Süd, Ost und West eine enorme Bedeutung. Das weckte, wie üblich, Begehrlichkeiten!

Zunächst plünderten die Wikinger Stood im Jahre 994, später wollten die Grafen von Harsefeld in der Stadt das Sagen haben (und bekamen es). Und im 12. Jahrhundert war Heinrich der Löwe an der Reihe. Irgendwann kamen die Schweden – und so weiter und so fort. Die Stader indes kümmerte all das wenig. Inzwischen war ihnen das Stadtrecht übertragen worden, Handel und Handwerk florierten.

Und heute? Gut 48 000 Menschen leben in der Elbstadt, es wird immer noch gehandelt, Industrie hat sich angesiedelt, dem Handwerk geht es gut. Und das liegt daran, dass Stade immer noch ausgesprochen verkehrsgünstig liegt: Gute Bahnverbindungen nach Hamburg, Cuxhaven und Bremerhaven, die Nähe zum Alten Land, der Obstkammer Deutschlands, und zur Elbe, der „Hauptverkehrsader" nach Hamburg, sowie die „Seeautobahn" A20. Und: Seit 2008 darf sich Stood wieder Hansestadt nennen – der Tourismus blüht. Mit Recht! Denn Stade hat eine der schönsten Altstädte im Norden.

Beim Stooder Altstadtfest gibt es nicht nur Fischspezialitäten wie den Räucheraal (rechts) – es wird auch gehökert, gehandelt und verkauft

Alter Fischmarkt: Die Skulptur der Fischverkäuferin Margarete Flint hält einen Dorsch in der Hand

Unten: Vor über 800 Jahren angelegt – der Hansehafen mitten in der Stader Altstadt

wede wollen die vier, das Künstlerdorf besichtigen. Warum nicht mit dem Auto? „Das kann ja jeder", sagen sie. Nein, sie haben sich für die „lebende Legende" entschieden. Familiär geht es zu im Moorexpress. Hier schnackt jeder mit jedem, und die Kost wird geteilt. Norddeutsch eben.

Wir rollen ein. „Bahnhof Hagen" steht da auf einem weißen Schild. 15 Minuten Stopp. Weil von Süden der andere Schienenbus naht. Und der muss ja irgendwie vorbei. Also auf dem kurzen Ausweichgleis parken, derweil sich Zugbegleiter Wolfgang Röhl an die Arbeit macht: 100 Meter Fußmarsch, Weiche umlegen. Zeit für eine Zigarette. In Grüppchen stehen die Raucher neben dem Moorexpress. Alfred kommt. „Moin", sagt er zu Zugführer Klein. „Wie läuft's denn so?", will er wissen. Gemeint ist die Auslastung des Zuges. Kommt mit den Reisenden auch genug Geld rein?

Alle an Bord?
Zubegleiterin Nadja
verdient sich an den
Wochenenden etwas dazu

13 Euro kostet die einfache Fahrt von Stade nach Bremen. Alfred ist einer von über 50 ehrenamtlichen „Eisenbahnfreunden" entlang der Strecke. Demonstriert haben sie schon vor Jahren, dass „ihr" Moorexpress auch ja wieder rollt. Ein „gutes Stück Heimat" sei er, sagt Alfred. Und dafür tun die Hobby-Eisenbahner auch etwas: Sie halten die Dorfbahnhöfe sauber, restaurieren die Gebäude, schneiden Sträucher und mähen Gras – „nein, Geld gibt's dafür nicht!"

Vor zehn Jahren, als in Hannover die Welt zu Gast war und die Expo 2000 stattfand, begann das neue Leben des Moorexpress. Von Land und EU gefördert, von der EVB Eisenbahnen und Verkehrsbetriebe Elbe-Weser und den Landkreisen unterstützt, wurde die seit Jahren stillgelegte Verbindung zwischen den Hansestädten reaktiviert.

Bahnhof Bremervörde. Zugführer Axel Klein und Begleiter Wolfgang Röhl verabschieden sich in den Feierabend. Dieter Klofte und Studentin Nadja Marx übernehmen. Nadja ist 19, verdient sich an den Wochenenden etwas dazu und hat eine unfassbar große Kühlbox über der Schulter hängen. Was da drin ist, wird mir gleich Henry erklären, der ebenfalls in Bremervörde zusteigt. „'N Moorbier und 'n Jan Torf, bidde", ruft Henry Nadja über die Schulter zu. Die kommt mit einer Flasche dunklen Biers und einem Kräuter. Die Formen erinnern irgendwie an Flensburg und an etwas Kümmerliches. „Macht drei Euro." Früher sei er bei Airbus in Stade beschäftigt gewesen, erzählt der Rentner. In den achtziger Jahren ist er noch mit dem Moorexpress zur Arbeit gefahren. Und in den Sechzigern nach Bremervörde zur Schule. Er sei glücklich, dass der Zug jetzt wieder rollt. Henry fährt jedes

Zugbegleiter Wolfgang Röhl (oben links) ist für die Fahrkarten, die Passagiere und das Stellen der Gleise verantwortlich

Zugführer Axel Stein (oben rechts) konzentriert sich auf die Gleise und die Armaturen des Schienenbusses

HESEDORF
HÄNGT AUF DEM LANDE

Wochenende mit dem Moorexpress. „Du glaubst gar nicht, wie viel schöne Erinnerungen da hochkommen", sagt er.

„Gleich kommt der kleinste Hauptbahnhof der Welt. Da steige ich aus", verkündet Henry. Kluste heißt der Ort, in dem er geboren wurde und noch heute lebt. Moorhumor? Nein, „Kluste HBF" ist da tatsächlich auf dem Schild zu lesen. Davor steht eine weiße Bank. Sonst nichts. Wie lautet das Zeitmaß für eine Flasche Bier und 'nen Kurzen? Neun Kilometer – die Distanz zwischen Bremervörde und Kluste. Henry trinkt den letzten Schluck Jan Torf. Er verabschiedet sich mit einem Nicken, gibt Zugführer Dieter Klofte die Hand und verschwindet mit fünf Schritten im Buschwerk – für dieses Mal.

Der offene Führerstand des etwa 50 Jahre alten Triebwagens lädt dazu ein, den Lokführer nach der Technik zu fragen

Wir fahren durch Wald und Wiesen nach Gnarrenburg. Hier stand um 1910 die Marienhütte, eine Glasmanufaktur, die weltbekannt war. Denn Firmenchef Hermann Lamprecht hatte die „Tropf-Arzneiflasche", die den Patienten die heilenden Inhalte erstmals dosiert verabreichte, erfunden und in alle Welt exportiert. Das Problem: Mit der Nachfrage konnte das Transportmittel Pferdefuhrwerk irgendwann nicht mehr mithalten. Eine Eisenbahn musste her. Zusammen mit den Bremervörder und Osterholzer Landräten Dr. Paul Wiedenfeld und Dr. Ferdinand Becker realisierte Lamprecht schließlich eine Zugverbindung (damals noch mit Dampflok) von Bremen nach Stade. Mit der Unterstützung von Franz und Heinrich Vogeler. Heinrich galt als einer der prägenden Köpfe der Worpsweder Künstlerkolonie, die um 1910 ihre Blütezeit erlebte. Und Bruder Franz unterhielt die Tarmstedter Möbelwerkstätten. Von Fremdenverkehr und Industrialisierung träumten die Herren. Und wirklich – die Bahn verhalf der bitterarmen Region zu zartem Aufschwung.

37 Pfennige die Stunde und eine Mahlzeit pro Tag. Hunderte Gleisbauer fanden damals Arbeit und damit Lohn und Brot. Ein Knochenjob war es, die Trasse durch das Moor zu treiben. Das hatten die Vorfahren der Eisenbahner ja schon etwa 160 Jahre zuvor unter unsäglichen Mühen einigermaßen per Hand und Spaten trockengelegt. Es war Moorkommissar Christian Findorff, der Mitte des 18. Jahrhunderts Hunderte Knechte und Mägde aus der Umgebung ins Moor lockte. Die Aussicht auf eigenes Land, die Befreiung von Wehr- und Steuerpflicht trieb die Besitzlosen zu Fuß oder mit einfachen Ochsengespannen in das Teufelsmoor, eingegrenzt von den Flüssen Hamme, Oste und Wümme. 50 Morgen Land, einen Malter Roggen, ein paar Obst-

Wie immer wartet Henry in Kluste am „kleinsten Hauptbahnhof der Welt" auf den Moorexpress

Der Vogeler-Bahnhof von Worpswede. Um 1910 erbaut, dient er heute als Restaurant mit erster, zweiter und dritter Klasse

baumsetzlinge und Holz für eine bescheidene Behausung gab es für jeden Siedler. Doch schon bald sollte die Euphorie tiefer Verzweiflung weichen: „Deen Eersten sien Dood, deen Tweeten sien Nood, deen Drüdden sien Brood", hieß es schnell. Was bedeutete: Erst nach drei Generationen konnten die Moorbauern von ihrem Land leben. Und das auch nur, weil sich im weichen Untergrund das braunschwarze Gold des Moores befand: Torf. Ihn verkauften die Bauern in Bremen, und er sicherte „Jan von Moor", Spitzname der Bremer für die Moorbauern, das Überleben.

Für eine Eisenbahn jedenfalls war das Moorgebiet um 1910 immer noch zu nass. Also musste ein riesiger Wall aufgeschüttet werden, ehe die ersten Bohlen und Gleis-stränge verlegt wurden. 350 Meter pro Tag schafften die Jungs. Und noch heute zuckelt der Schienenbus an manchen Stellen mit rekordverdächtigen 10 Stundenkilometern über die unebene Trasse, um nicht unvermittelt aus der Bahn zu fliegen.

Wir verabschieden uns vom Moorexpress in Worpswede nach zwei Stunden Fahrt. Zwei Drittel der 99-Kilometer-Route hat der Schienenbus hier zurückgelegt, ehe er in den Bremer Hauptbahnhof rollt. Am 100 Jahre alten Worpsweder Bahnhof steigen die meisten Gäste aus. Heinrich Vogeler hat ihn entworfen, wie einige andere Bahnhofs-gebäude entlang der Strecke auch. Wir sind im Künstlerdorf. Sightseeing per pedes. Das geht gut, alles Sehenswerte ist bestens zu Fuß erreichbar: Cafés und Restaurants, Kunsthandwerk, Galerien und Ateliers. Schöne Gebäude gibt's zu bestaunen – von der Jugendstilvilla bis zum Fachwerkhaus. Im Ortskern steht die „Music Hall". Auch eine kleine Legende. Mal schauen, vielleicht können wir einen Freund zu einem Konzertbesuch überreden, der uns dann anschließend mit nach Hause nimmt. Blues-Oldie Eric Burdon spielt heute – noch so eine lebende Legende … ■

Durchs Teufelsmoor nach Worpswede

Es war das unverwechselbare Licht und die Sehnsucht nach dem einfachen Leben auf dem Land, das Maler wie Fritz Mackensen, Hans am Ende, Otto Modersohn und Heinrich Vogeler Ende des 19. Jahrhunderts aus den Städten ins Herz des Teufelsmoors nach Worpswede zog. Die karge Landschaft und die Armut der Moorbewohner inspirierte die Künstler zu Werken, die später weit über Norddeutschland hinaus Beachtung finden sollten und das Bauerndorf in eine Künstlerkolonie verwandelten.

Noch heute zehrt das im 13. Jahrhundert von den Klöstern Lilienthal und Osterholz gegründete Worpswede vom Mythos dieser Zeit. Kaum eine Straße, kaum ein altes Haus, das nicht eine Geschichte dieser Moorortschaft und ihrer prominenten Bewohner zu erzählen hätte. Noch heute sind in Worpswede Künstler

aller Stilrichtungen beheimatet, hängen in den Galerien Bilder junger und alter Meister nebeneinander. Edle Restaurants und einfache Gaststuben sind hier ebenso zu finden wie Souvenierläden und die Ateliers verschiedener Kunsthandwerker. Sogar eine Kunsthochschule gibt es hier.

Wahrzeichen Worpswedes ist der 51 Meter hohe Weyerberg mit dem Denkmal des königlichen Moorkommissars Findorff. Und früher, so heißt es, konnte man von ihm bei guter Sicht die Silhouette von Bremen erspähen. So flach war das Moor eben, dem übrigens nicht der Teufel zu seinem Namen verhalf, sondern ein Versehen: Irgendwer muss in grauer Vorzeit falsch vom Plattdeutschen ins Hochdeutsche übersetzt haben. Denn eigentlich müsste es nicht Düvels-, sondern Dovelsmoor heißen: taubes, unfruchtbares Moor.

Mit Volldampf zu den Wikingern

Im Angelner Land verbindet eine Museumsbahn die Zeitalter

Das Wahrzeichen Kappelns ist nicht zu übersehen: Der Heringszaun mitten in der Schlei ist der einzig noch funktionierende in ganz Europa. Sein Alter wird auf über 500 Jahre geschätzt. Jedes Jahr um die Osterfeiertage verirren sich die Heringe im Zaun und können so leicht gefangen werden. Der Kappelner Verschönerungsverein kümmert sich um Erhalt und Pflege des Wahrzeichens

Das Festland zwischen den Meeren hat eine Zunge. Sattgrün ist sie und gelb. Tiefgelbes Land, wenn der Raps blüht. Und blau. Furchtbar blau sind Meer und Himmel, wenn die Luft schwirrendklar ist im Sommer. 10 000 Jahre alt ist das Hügelland im Nordosten Schleswig-Holsteins, wölbte sich empor aus dem schwindenden Eis der letzten bitterkalten Kälte. Die Wikinger waren da und gründeten das „norddeutsche" Handelszentrum des anbrechenden Mittelalters: Haithabu, gleich bei Schleswig, wo der Ostseefjord, Schlei genannt, endet. Wie im Museum unweit der Stadt zu erfahren, waren die Wikinger Dänen, und so dachten die in den vergangenen Jahrhunderten immer mal wieder: Dies Land ist unser! Längst überwundene Feindschaft zehrte lange Zeit davon.

Doch schauen wir nach Kappeln, idyllisch an der Mündung der Schlei gelegen. Der ehedem bedeutende Handelsweg ist heute ein Touristenkleinod, das zwei Jahreszeiten kennt: Wenn die Heringe kommen und – wenig später – auch der Aal. Und die Menschen, die in Kappeln leben, leben von den zwei Jahreszeiten und ihren Farben. Nun sind die Jahreszeiten seit Menschengedenken die Zeitspannen des Seins. Und wer sich in der Zeit bewegen möchte, hinein in andere Zeitalter, braucht besondere Hilfsmittel. Die Leute in Kappeln haben so einige parat. Reichlich historische Segelboote gibt es da – Aal-Fiete steuert eins davon.

Vielleicht zog auch Dirk Röhling wie die Schulkinder heute, die zum Bio-Unterricht an den Strand pilgern, einen Bollerwagen hinter sich her? Heute ist es eine mietbare mobile Sauna, die aussieht wie ein fettes Weinfass. Das Heizaggregat darin schafft beeindruckende 120 Grad Celsius. Da steigen die Kappelner und ein paar unerschrockene Touristen Jahr für Jahr hinein, um schweißig und nackig über den Strand zu laufen und anschließend, wie Gott sie schuf, in den Fjord zu hüpfen, um sich zu kühlen, und es zischt: Mitunter dampft eine Lok vorüber, Zeugin der Geschichte, von Süderbrarup kommt sie her, vorbei schon stampfte sie an Scheggerott und Wagersrott hinein in den Hafen von Kappeln: die Angelner Dampfeisenbahn.

Angeln heißt das Land, das die Kontraste schafft, seine Farben getaucht in untrügbares nordisches Licht. Von Kappeln bis nach Süderbrarup, von Süderbrarup bis Kappeln fährt die Angelner Dampfeisenbahn. 14 Kilometer durch die Farben Schleswig-Holsteins, Blau, Grün, Gelb – Weiß dank der Segel, die den Ostseefjord entlangziehn. Wer Glück hat, kann vor oder nach der Fahrt in Kappelns Hafen verweilen und den Männern zuschauen, wie sie Europas älteste Heringsreuse, seit über 500 Jahren im

Dienst, reparieren Jahr für Jahr: Sie stehen im Wasser, in Gummistiefeln bis über die Knie, mit Holzhämmern bewehrt, die sie fast überragen. Ihr Lohn sind die Heringe, die sich jedes Jahr rund um Ostern im hölzernen Heringszaun verfangen, der sich in geschlungenen Linien in der Schlei windet.

Wer die Schönheit des Fjordes erleben möchte, die Farben Schleswig-Holsteins, die weißen Küstenstränd, den Geruch des Meeres, der frischen Krabben, der geräucherten Aale, sollte mitfahren. Sollte das Stampfen, Pfeifen, Dampfen in sich aufnehmen – aus einer anderen skandinavischen „Eisenzeit" als der der Wikinger. ■

Die Angelner Dampfeisenbahn – Zahlen, Daten, Fakten

15 Kilometer stampft die Angelner Dampfeisenbahn hin und her zwischen Süderbrarup und Kappeln.

Die Geschichte der nördlichsten Museumseisenbahn in Deutschland begann 1977 mit dem Erwerb der Dampflok F 654 (Höchstgeschwindigkeit: 50 Stundenkilometer) aus dem Bestand der Dänischen Staatsbahnen.

Drei Jahre später wurde der regelmäßige Schienenbetrieb wieder aufgenommen. Viele der historischen Loks und Waggons stammen aus Dänemark und Schweden

Die Fahrt Kappeln–Süderbrarup–Kappeln kostet für Erwachsene 16 Euro, für Kinder (6 is 12 Jahre) 8 Euro. Für eine einfache Fahrt zahlen Mitreisende 10 Euro respektive 5 Euro.

Wer mit dem Fahrrad unterwegs ist und es mitnehmen möchte: Der Transport für eine Hin- und Rückfahrt kostet 4 Euro, für eine einfache Fahrt 2 Euro.

Betrieben wird die Angelner Dampfeisenbahn von dem seit 1973 bestehehenden Verein Freunde des Schienenverkehrs Flensburg e. V.

2. Ostfriesland

3. Hamburg

4. Rügen/Hiddensee

1. Hildesheim

5. Cuxhaven

6. Fischland-Darß-Zingst

7. Sylt

Die zehn schönsten Urlaubsziele Norddeutschlands

Es gibt viele Gründe, Ferien im Norden zu machen. Hier sind 10 davon

1. Hildesheim Auf der Rosenroute durch die Bischofsstadt gelangt man zu allen wichtigen Sehenswürdigkeiten. Zwei davon: die Michaeliskirche und der Dom, beide sind UNESCO-Weltkulturerbe!

2. Ostfriesland Es ist ein Paradies für Nordseefans und Radfahrer, denn Steigungen gibt es kaum. Teetrinker fühlen sich in den Teestuben bei Ostfriesengold mit Kluntjes und Sahne pudelwohl.

3. Hamburg „Das Tor zur Welt" hat mehr als „nur" Hafen zu bieten: Reeperbahn, Musicals, Fischmarkt, zwei Erstliga-Fußballclubs, Hagenbecks Tierpark ...

4. Rügen/Hiddensee Die berühmten Kreidefelsen, die wildromantische Kliffküste mit Kap Arkona, eine Fahrt mit dem Dampfzug „Rasender Roland" – nur drei von unzähligen Rügen-Highlights.

5. Cuxhaven Reichlich Fisch gibt's in dem Seebad. Von hier aus geht es auch zum Tagestörn nach Helgoland oder mit der Kutsche durchs Watt nach Neuwerk.

6. Fischland-Darß-Zingst Viel Ruhe, kaum Rummel, hinter dem Strand urwüchsige Waldlandschaften und Fischerdörfer mit reetgedeckten Kapitänshäusern – das lieben Feriengäste an der ostdeutschen Halbinselkette.

7. Sylt Frische Luft, die Nordsee und endlos weite Strände – die Insel besticht vor allem durch ihre herrliche Natur. Etwas Schickimicki gibt's natürlich auch.

8. Lüneburger Heide Besonders wenn sie im August und September blüht, ist sie eine Augenweide: ein einziges Meer von violett leuchtendem Heidekraut.

9. Harz Ob Wandern, Klettern, Mountainbike oder Ski – der Harz ist ein Freizeitparadies und damit ideal für Aktivurlauber und Familien mit Kindern.

10. Usedom Eine herrlich lange Küste mit feinsandigen Stränden und berühmten Kaiserbädern mit prächtigen Gründerzeitvillen – das erwartet die Urlauber auf der Ostseeinsel.

8. Lüneburger Heide

9. Harz

10. Usedom

Von Pfeifenbauern, Mützenmachern,

„Handwerk hat goldenen Boden", heißt es. In Norddeutschland kommt noch eine große Portion

Bootsbauerinnen und Köhlern

Liebe, Lust und Leidenschaft dazu. Wir zeigen Momentaufnahmen aus Traditionsgewerken

Dan Pipe – wo Tabak und Pfeifen zu Hause sind

In Lauenburgs Hafenstraße Nummer 30 dreht sich alles um gepflegte Rauchwaren

Dan-Pipe-Chef
Dr. Heiko Behrens mit
zwei seiner Leiden-
schaften: Tabak und
Hundedame Lona

E ine Zigarette sei wie ein kurzer Flirt und eine Zigarre wie eine anspruchsvolle Geliebte. Eine Pfeife aber wie eine „gute Ehefrau", so Heiko Behrens, Chef der kleinsten, aber wohl exklusivsten Tabakmanufaktur Deutschlands. In Lauenburg an der Elbe hat die Dan Pipe KG ihren Sitz. In einem mehrgeschossigen, rund 100 Jahre alten Ziegelbau mit hohen, weißen Gewölben und schwarzen Eisentreppen wird Tabak aus Malawi und Zimbabwe, aus Südamerika, dem Orient und aus Asien verarbeitet. 35 Mitarbeiter zerrupfen in der Manufaktur den nikotinhaltigen Rohstoff, versetzen ihn mit Aromen, pressen ihn zu schneidbaren Platten und verhelfen so Pfeifenliebhabern in aller Welt per Versand zu wahrhaft langfristigen Bindungen. Und Besuchern zu einmaligen Dufterlebnissen.

„Pfeife zu rauchen ist wie eine erotische Beziehung", schwämt Heiko Behrens. Der studierte Pädagoge wollte „mal was anderes machen" und gelangte 1972 über sein Hobby, das Rauchen, zu seiner Berufung, dem Tabakhandel. „Ein Pfeiferaucher befühlt den Tabak und schnuppert ausgiebig daran, ehe er die Pfeife stopft und zum Zündholz greift", weiß Behrens. Als er mit seinem kleinen Versandhandel anfing, produzierte der heute 66-Jährige noch keine eigenen Mischungen. Das kam später und damit der Erfolg. Jetzt reisen Kunden aus ganz Europa an, um sich bei Dan Tobacco einzudecken. Was einen Pfeiferaucher charakterisiert, beschreibt der Herr der Pfeifen so: „Diese Menschen sind gelassener, haben einfach mehr Geduld."

Manche seiner Kunden bleiben ein ganzes Wochenende, übernachten im Hotel und studieren bei Dan Pipe stundenlang neue Sorten, erstehen eine neue Pfeife und verkosten einen edlen Single Malt, Cognac, Calvados oder karibischen Rum. Ja, Flüssiges gibt's hier auch. Und was da goldgelb in den Gläsern schimmert, kann man in

Pfeifen in allen Formen, jede von ihnen handgearbeitet, stellt die Lauenburger Manufaktur Dan Pipe her

Nebenan bei Dan Tobacco werden Tabaksorten aus aller Welt veredelt

100 Jahre alte Maschinen pressen den Tabak zu schneidbaren Platten

Das Wiegen und Verpacken des Tabaks erledigen bei Dan Tobacco die Auszubildenden – eine Maschine wäre zu ungenau

In sieben Schritten zu einer einmaligen Pfeife

1. Der Rohstoff Bei Dan Pipe werden die Pfeifen aus der Bruyère-Knolle hergestellt. **2. Exakte Bohrung** An der Drehbank entsteht das Loch für die Brennkammer. Nach diesem Schritt entscheidet Holmer Knudsen, ob das Holz zur Weiterverarbeitung taugt. **3. Die grobe Form** Sind alle Zugänge gebohrt, wird bei aufgestecktem Mundstück überflüssiges Holz entfernt. **4. Formvollendung** An der Schleifscheibe wird die Kopfform weiterbearbeitet. **5. Detailarbeit** Holmer Knudsens Anspruch an seine Arbeit ist es, möglichst schöne und handschmeichelnde Unikate mit Wiedererkennungswert herzustellen. **6. Feinschliff** Jetzt beginnt der Feinschliff mit Feilen und Schleifleinen. **7. Der Anstrich** Kein Lack, sondern Beize wird nun aufgetragen. Trocknen lassen, nachlackieren, wieder trocknen – fertig!

keinem Supermarkt kaufen. Ebenso wenig die zahllosen Zigarren, die in einem klimatisierten, begehbaren, ausladenden Humidor lagern. Allein der Dan-Pipe-Zigarrenkatalog umfasst 145 Seiten. Darin finden sich kubanische „Robustos" von Cohiba zu rund 25 Euro das Stück neben der Hausmarke „X Blend" im Corona-Format zum erschwinglichen Preis von etwa 2 Euro je Zigarre.

Rund 100 Tabaksorten und 400 Pfeifenmodelle finden sich im Tabakkatalog der Manufaktur. Die Pfeifen stammen aus England, Dänemark oder Italien. Aber auch eigene Modelle bietet Dan Pipe an. Der Stoff, aus dem die Dan-Pipe-Pfeifen sind, wächst unter der Erde, vorzugsweise im Mittelmeerraum: Aus der Wurzelknolle des Bruyère-Strauches werden die Pfeifenköpfe gefertigt. 30 Jahre alt muss die Knolle sein. Sie wiegt etwa drei Kilo und erinnert an einen mächtigen Kohlrabi, ist aber wesentlich härter. Jede Knolle ist einzigartig gemasert, und jedes Endprodukt, das das Dan-Pipe-Lager verlässt, ist ein Unikat, handgearbeitet, mit Säge, Bohrer und Schleifmaschine, die allesamt einige Jahrzehnte auf dem Buckel haben.

Werfen wir einen Blick in die Werkstatt, das Reich von Holmer Knudsen: Der Pfeifenmacher sägt einen Pfeifenkopf-Rohling aus der Knolle. Dann wird gehobelt, schließlich kommt ein Bohrer zum Einsatz. Der ist ungefähr zwei Zentimeter stark und schafft den Brennraum für den Tabak. Ein prüfender Blick, noch einer, Fingertest: Kein noch so feiner Riss, kein noch so kleines Loch im Material zu erspähen? Wenn nicht, geht es weiter, wenn doch, ab in die Restetonne damit. Denn: Der Brennraum duldet keinen Makel, darf keine Hitze ins Holz weiterleiten. „Sonst ist die Pfeife früher oder später hin", sagt Knudsen. Nun noch der letzte Schliff, Mundstück ran, mit Beize lackieren, trocknen – fertig ist eine neue Pfeife. Für knapp 100 Euro ist sie zu haben.

„Pfeifen und Tabak sind für uns zunächst Leidenschaft und erst an zweiter Stelle Geschäft", beschreibt Heiko Behrens die Philosophie der kleinen Manufaktur am Hafen, wo noch heute der Lauenburger Rufer in Sichtweite steht. Der ist inzwischen in Bronze gegossen, doch früher haben seine menschlichen Vorgänger die Fähren aus Niedersachsen ans andere Ufer zitiert, um Güter und Waren über den Landweg zu transportieren. Mit Pferdefuhrwerken. Was den Betrieb noch auszeichnet? Eine gehörige Portion Gelassenheit und Ruhe. Egal ob in der Produktion oder im urigen Verkaufsraum mit Blick auf die Elbe – wer bei Dan Pipe Mitarbeiter oder Kunde ist, lässt die Hektik vor der Eingangstür zurück und taucht ein in eine andere Zeit, an Lauenburgs Hafenstraße Nummer 30 … ∎

Pfeifenmacher: Holmer Knudsen (oben) sorgt bei Dan Pipe für die perfekten Brennräume der Pfeifen

Was auf den ersten Blick aussieht wie aufgeschichtete Ziegelsteine, sind Pfeifenrohlinge aus dem extrem harten Bruyère-Holz

Voll eins auf die Mütze ...

In Hamburgs City arbeitet der letzte Mützenmacher Deutschlands

Welche wird er sich wohl aufsetzen? Geschäftsinhaber Lars Küntzel vor seinen Exponaten

An norddeutschlands Küsten erzählt man sich von einem seltsamen Brauch: Ersteht ein Matrose nach langer Fahrt eine neue Mütze, stopft er sie in einen Stiefel, kippt Wasser hinein und lässt das Ganze eine Nacht richtig gut durchziehen. „Wozu bloß?", fragt sich die ahnungslose Landratte. Das Geheimnis erschließt sich dem, der in der Schule aufgepasst hat und zwei wichtige physikalische Grundsätze berücksichtigt: 1. Eine steife Brise, die auf ein Hindernis stößt, kann einen gewaltigen Auftrieb entfalten. 2. Eine nasse, gegerbte Tierhaut zieht sich beim Trocknen zusammen.

Zusammengenommen erklärt beides, weshalb sich Seemänner am Morgen nach dem Einweichen etwas Feuchtes über den Kopf stülpen. Doch Obacht! Sinn macht diese Prozedur des Anpassens nur, wenn die derart behandelte Kopfbedeckung ein Schweißband aus Leder besitzt. Solch exklusives Machwerk ist in heutigen Tagen nur noch sehr selten zu haben.

In einem kleinen, wirklich kleinen Laden in Hamburgs Innenstadt, in der Steinstraße 21, gibt es solche Mützen noch. Hinter einer Milchglastür, die in weißes Holz gefasst ist, erwartet den Freund maritimer Kopfbedeckungen ein wahrhaftes Mützenmekka. „Eisenberg" ist in das Milchglas mit geschwungenen Buchstaben graviert. Und nur echte Kenner wissen: In diesem Geschäft wird das Beste vom Besten nicht nur angeboten, sondern in einem winzigen Raum gleich nebenan nach traditioneller Mützenmacherkunst auch hergestellt. In alten Vitrinen aus der Gründerzeit lagern allerlei Stoffballen. Die Regale sind vollgepfropft mit Zigarrenschachteln aus dem letzten und vorletzten Jahrhundert. In ihnen schlummern Knöpfe, Garne, Nadeln aller Art, Farbe und Größe. An den Wänden hängen Bilder mit Segelschiffen. Und in den Ecken der Werkstatt stehen die Maschinen, an denen Mützen gemacht werden. Diese hier stammen alle miteinander aus den 1920er Jahren. Sie heißen „Pfaff" und heute nicht mehr fußbetrieben, sondern haben Elektro-Motoren. Die einen nähen mit Unterfaden, die anderen ohne. Und der, der daran arbeitet, ist einer der letzten Mützenmacher in Deutschland.

Lars Küntzel heißt der Mann, der 1991 nach drei Eisenberg-Generationen die Mützenmanufaktur übernahm. Von seinem Vater lernte Küntzel vor über 30 Jahren das Segeln und übernahm von ihm das Faible für Skipper-Mützen. Als Claus Eisenberg keinen Nachfolger fand, ergriff Lars Küntzel die Chance. Seither schneidert er Kopfbedeckungen.

Hamburg, Steinstraße 21: Bei „Eisenberg" findet die Kundschaft Mützen und Hutklassiker

Hier hat alles seine
Ordnung. Der Pfaff-Nähtisch
ist ein Original aus
den 1920er Jahren

Mit Erfolg. An diesem Tag packt er ein Päckchen. Darin befinden sich zwei Prinz-Heinrich-Mützen. Der Adressat: Irgendwo in Brasilien. „Ich sende Mützen in die ganze Welt, nach China, Afrika oder in die USA", sagt Lars Küntzel. Alle sind Auftragsarbeiten, alle sind handgearbeitet. Seine Hauptkundschaft allerdings besteht aus älteren Herren, die ihren Lebensraum in deutscher Küstennähe gefunden haben. 18 Modelle und echte Klassiker hat der Schneider in petto – von der eben erwähnten Prinz-Heinrich-Mütze über den Elbsegler und die Elblotsenmütze bis hin zu den Modellen „Altona" und „Kiel". Die meisten von ihnen fertigt Küntzel aus über zwanzig Einzelteilen. Für die Standardgrößen verwendet er Schablonen zum Zuschneiden. Wer aber besonders viel oder wenig unterm Hut hat, bei dem nimmt der Mützenschneider auch gerne mal Maß.

Für die Herstellung einer Mütze braucht man ungefähr zwei Stunden. Die kostet dann so um und bei 65 Euro. Allerdings gibt es auch kostspieligere Anfertigungen: „Meine teuerste Mütze kostet 200 Euro", sagt Lars Küntzel. Je nach Aufwand und vermutlich auch, wie exotisch der Mützenwunsch des zukünftigen Trägers ausfällt. Eine Baskenmütze aus Leder sollte er kürzlich einem Motorradfahrer anfertigen, jetzt hat Küntzel gerade eine Hiddensee-Mütze am Wickel: Wieder ganz was anderes als die Nordsee- und Elbmützen, erklärt er, sei die von der Ostseeinsel – mit Troddeln und Bommeln dran.

Mützenmachen – das ist, wenn zwei schlafen und einer arbeitet

1. Standardmaß Mit einer Schablone zeichnet der Mützenmacher das Schnittmaß auf den Stoff. **2. Scharf** Aus Segeltuch schneidet Lars Küntzel Streifen für das Schweißband zu. **3. Nickerchen** Das französische Bulldoggen-Pärchen Paula und Donald weicht seinem Herrchen nicht von der Seite. **4. Fingerspitzengefühl** erfordert das Nähen mit 90 Jahre alten Pfaffmaschinen. **5. Ob der Stoff da reinpasst?** Ist das Material zu dick, näht Lars Küntzel auch schon mal per Hand. **6. Schirmherrschaft** Mützenmacher Lars Küntzel passt die Kappe an. **7. Wartung** Seine Nähmaschinen pflegt und repariert Küntzel selbst. Diese hier benötigt einen Tropfen Öl.
8. Kraftakt Mützenrand und Schweißband aus Leder schaffen die Maschinen nicht. Da muss der Meister immer mit der Hand ran.

Trägt der Mützenmacher von Hamburg selbst eine
Mütze? Aber natürlich: „Schau dir doch mal
meinen Kopf ganz genau an. Was fehlt da wohl ...?"

Gegenüber dem Zuschneidetisch steht eine Anrichte. Hinter ihren Türen liegen Stoffballen. Die sind zumeist blau und nennen sich Marinetuch aus gewalkter Wolle. „Im Prinzip blauer Loden", sagt Küntzel. Je nach Stärke ist der Stoff mal besser für den Sommer geeignet, mal eher für den Winter – je nach Wunsch. Von der Weberei Mehler im oberpfälzischen Tirschenreuth bezieht Küntzel seine Stoffe, wie seine Vorgänger auch. Der erste Eisenberg eröffnete den Laden 1892, die Weberei Mehler ist ein bedeutend älter, gegründet um 1642 rum. In Hamburg, sagt man, pflegen die Kaufleute ihre geschäftlichen Verbindungen.

Wohl wahr! Altkanzler Helmut Schmidt bezieht seine Elblotsenmütze (nein, es ist keine Prinz Heinrich!) seit Jahrzehnten von Eisenberg. Hamburgs Exbürgermeister Henning Voscherau hingegen bevorzugt das Modell Altstadt. Hin und wieder schaue der Altkanzler noch immer vorbei, um sich eine neue Mütze zu holen. „Moin", sagt er stets zur Begrüßung, erzählt Lars Küntzel.

Was sind das für Leute, die nie ohne Mütze aus dem Haus gehen? „Na ja, ich glaube, sie sind alle irgendwie der Hochsee- oder Binnenschifffahrt verbunden", mutmaßt Lars Küntzel. Oben auf der Stoffanrichte liegt ein zusammengewürfelter Haufen der unterschiedlichsten Kopfbedeckungen. Alle haben schon einmal bessere Tage gesehen. Zylinder zum Beispiel, einige von ihnen erwecken den Eindruck, als seien sie schon zu der Zeit getragen worden, als in Paris der Cancan erfunden wurde. Ein Modell weckt besonderes Interesse. Es ist ein Hut der berittenen kanadischen Polizei – Mounties, die mit den roten Jacken und den braunen Deckeln auf dem Kopf. Ausstellungsstücke? „Nö", sagt Küntzel. „Die werden mir zugeschickt, damit ich sie repariere …" ■

Stoffreste im Lager. Das meiste davon langt nicht mehr für eine komplette Mütze

Na bitte, sitzt! Lars Küntzel nimmt bei seinen Kunden nicht nur Maß, sondern nimmt sich vor allem auch Zeit für ihre individuellen Bedürfnisse und Wünsche

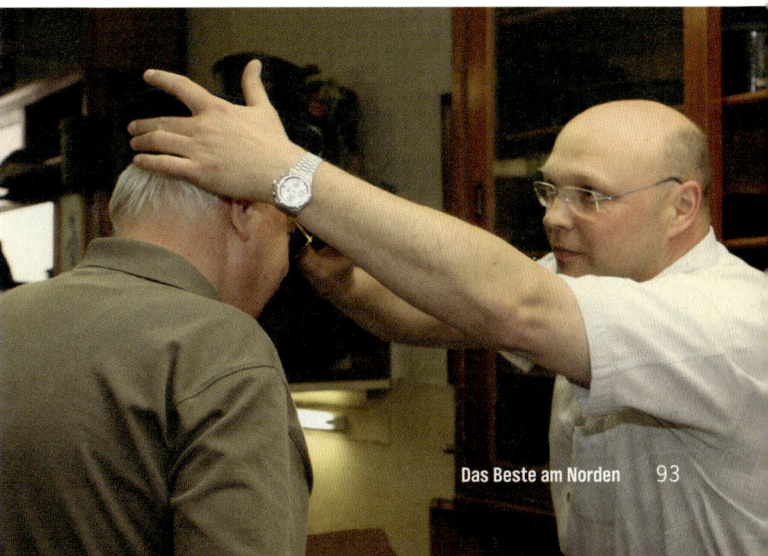

Zu Besuch bei der Bootsbauerin

Bei Ursula Latus in Peenemünde können sich Hobby-Kapitäne ihr eigenes Boot bauen

Ursula Latus vor ihrer „Werft" in Peenemünde: In dem ehemaligen Dampfverteilerhaus richtete sie neben ihrer Werkstatt auch gleich ihre Wohnung ein

Mit über 30 fing die studierte Chemikerin und begeisterte Seglerin aus Bayern eine Lehre zur Bootsbaugesellin an. Nach dem Meisterabschluss wagte sie den Sprung in die Selbstständigkeit

E inmal sein eigenes Boot bauen! Das hat er sich schon immer gewünscht. Ein eigenes Kanu, mit eigenen Händen zusammengefügt, geschliffen, gestrichen und zu Wasser gelassen! Als Johannes Beyrau von der kleinen Bootsbauschule auf der Insel Usedom erfuhr, hatte er seinen Vater schnell von seiner Idee überzeugt. Also schnürten die beiden ihre Päckchen und fuhren von Neukloster bei Wismar zum Aktivurlaub an die Ostsee. Zehn Tage verbrachte Berufsschullehrer Mathias Beyrau zusammen mit seinem Sohn in einem Backsteingebäude in Peenemünde, das früher einmal als Dampfverteilerhaus des alten Kraftwerks diente. Heute ist die Fabrikhalle das Reich von Ursula Latus.

Die 46-Jährige ist staatlich geprüfte Bootsbaumeisterin. Eine von ganz wenigen Frauen in Deutschland, die das traditionelle Handwerk beherrschen. Und sie hat sich einen Lebenstraum erfüllt: eine eigene Bootsbau- und Taklerschule. Die alte Kraftwerkshalle war ideal. Ursula Latus kaufte die Immobilie und richtete hier nicht nur ihre eigene Werkstatt, sondern auch gleich ihre Wohnung ein. Ursula Latus ist eine Frau, die anpackt. In den Latzhosentaschen stecken Zimmermannsbleistift und Zollstock, die langen Haare sind praktisch zum Zopf gebunden. Die Hände haben gerade noch an einem Hausboot geschraubt, das ein Kunde bestellt hat. „Notfalls könnte ich auch den Bootsmotor allein einbauen", sagt sie lachend.

Nach drei Tagen schon nimmt der Rumpf des fast fünf Meter langen Leistenkanadiers Gestalt an. Die beiden „Schüler" haben Schablonen gezeichnet, gesägt, gefeilt, geschliffen und geleimt. Nun werden unter Anleitung der Meisterin die ersten Zedernholzplanken an die Spanten genagelt. Besondere Vorkenntnisse müssten nicht unbedingt sein, meint Latus. „Etwas Talent wäre gut. Aber zum fertigen Boot haben es bislang alle geschafft."

Dass sie einmal Urlauber im Bootsbau unterweisen würde, hätte sie sich noch vor zwanzig Jahren nicht denken können, erzählt Ursula Latus. Niemals wäre sie auf so eine Idee gekommen, sagt die gebürtige Bayerin, die Anfang der 1990er Jahre noch als Chemie-Ingenieurin in Berlin für die Dekra tätig war. Doch dann kam die Wende im Leben der Naturwissenschaftlerin. Ursula Latus schloss Bekanntschaft mit dem Hamburger Verein „Lebenlernen auf Segelschiffen". Sie kam an Bord des in Wolgast gebauten Traditionsseglers „Roald Amundsen", lernte den Schiffszimmerer und Bootsbaumeister Detlev Löll kennen und segelte zusammen mit dem Abenteurer Arved Fuchs auf der „Dagmar Aaen" in die Antarktis.

Bootsbaumeisterin Ursula Latus bei der Endmontage an einem selbst gebauten Motorboot

Ostsee-Aktivurlaub:
Mathias Beyrau (links) und
Sohn Johannes bei der
Arbeit. Unter der Anleitung
von Ursula Latus nimmt
der Rumpf des Kanadiers
schnell Gestalt an

Einer mit der Leidenschaft zum Segeln ging die Liebe zum Bootsbau. In Berlin absolvierte sie eine Ausbildung als Bootsbauerin und beteiligte sich in der Wolgaster Navcon-Werft an der Restaurierung historischer Segler. Als in Irland das Museumsschiff „Dunbrody" eine neue Takelage erhielt, war sie dabei. Vor drei Jahren machte sie ihren Meisterabschluss und ließ sich in Peenemünde nieder.

Manches Boot hat Ursula Latus inzwischen zu Wasser gelassen. Zu ihren Referenzen gehören der Zwanzig-Meter-Schoner „Ingorata", ein fast acht Meter langes

französisches Wassertaxi, Kanadier und das Schiffsmodell eines Fünfmasters, das im Auftrag einer italienischen Werft im Windkanal der Schiffsbauversuchsanstalt Hamburg getestet wurde.

Die Idee, Laien im Bootsbau zu unterweisen, erwies sich dann als großer Wurf. Auf Bootsbaumessen stieß das Angebot, sich ein eigenes Boot selbst zu bauen und dabei im Vergleich zum Neukauf auch noch etwas Geld zu sparen, auf wachsende Nachfrage. Familien, Freunde und Kollegen buchen heute einen der mehrtägigen Workshops, in denen Kanus, Kajaks, Dinghis oder Beiboote entstehen. „Manche sind schöner als meine eigenen", sagt sie fast wehmütig. „Viele wollen im Urlaub mehr machen als nur am Strand liegen", glaubt die Jungunternehmerin. Sie besorgt ihren Teilnehmern auch Unterkünfte. Zum Angebot der Bootsbaumeisterin gehören inzwischen auch Takelagekurse und Selbsthilfewerkstätten, bei denen Shipper lernen, ihre Wasserfahrzeuge selbst zu reparieren.

Das Angebot mit dem Boot-Workshop kommt an. Auf die Frage, ob sie sich wieder selbstständig machen würde, kann Ursula Latus im ersten Augenblick nicht antworten. „Darüber habe ich noch gar nicht nachgedacht", sagt sie. Und nach einer Weile: „Ich mache das erst seit vier Jahren. Wenn ich mich das jetzt schon fragen würde, hätte ich nicht anzufangen brauchen. Wichtig für mich ist: Ich entscheide!" ■

Mathias Beyrau hämmert mit Augenmaß. „Die Schüler müssen mit der Stichsäge umgehen können, den Rest bringe ich ihnen bei", sagt die Bootsbauerin

In zehn Tagen können Vater und Sohn Beyrau ihr selbst gebautes Boot mit nach Hause nehmen

Liebe zum Detail: „Ich habe tatsächlich meine große Leidenschaft zum Beruf gemacht", so Ursula Latus

Hochwertige Buchenholzkohle im 10-Kilo-Pappsack (links). Bis zu 14 Tage glüht und dampft der Meiler, dann ist die Holzkohle reif für die „Ernte"

Unten: Die Holzköhler-Familie aus dem Ostharz – Peter Feldmer (Mitte) mit seinen Söhnen Immo und Sascha

„Industrie? Das waren wir!"

Ost-Harz: Zu Besuch bei einer der letzten Köhlereien Deutschlands

W as war das doch für ein Leben … Die Frauen kamen nur nach fester Terminabsprache. So alle sechs Wochen, je nach Witterung. Kräuter brachten sie mit, vor allem Gemüse für die Suppe. Und wenn es ein gutes Jahr war, auch ein wenig gepökeltes Fleisch und den einen oder anderen Brotkanten mit ein bisschen gesalzener Butter. Die Kinder sah man nur im Winter. Müsste man(n) telefonieren, gab es dafür ein Holzbrett und einen Knüppel. Hillebille hieß das Telefon des Mittelalters, das die Männer der Wälder bis ins 20. Jahrhundert zum Essen rief. Ansonsten herrschte hier die Ruhe des Waldes. Vollkommene Ruhe. Un-

ter einem Erdhügel glimmte das Feuer. Die Form dieses Hügels erinnerte an einen riesigen, schwarz-grauen Germknödel. Die Bude, die ein paar Schritte davon entfernt Unterschlupf bot, sah aus wie ein Indianertipi. Aus aneinandergelegten dünnen Baumstämmen gefertigt, bot sie Schutz vor Sturm, Regen und Gewitter. Und versprach Kühlung in heißen Sommernächten.

Statt der Büffelhäute allerdings deckten Grassoden die nach oben spitz zulaufende Behausung. Und die paar harten Jungs, die der Job sonst noch benötigte, waren übersät, wie man selbst, mit Schwielen an den Händen und Brandblasen überall dort, wo man nicht aufgepasst hatte. Eines einte sie aber mit Sicherheit: Sie warem vom Fach. Die Köhler – Hüter der Glut, Experten des Holzes, Eremiten an einer nie versiegenden Feuerstelle. Sie waren die Pioniere der Industrialisierung. Und vor allem: eine eingeschworene Männergemeinschaft.

Die Industrialisierung fing hier lange vor Krupp an, etwa im Jahre 800 vor Christi Geburt. Zu der Zeit gelang den Kelten, was andere zuvor mit Kupfer und Bronze vergeblich versucht hatten: ein Material herzustellen, das hart genug war, den Alltag und die Zeiten zu überdauern. Der Rohstoff dazu hieß Eisenerz, die Kumpels, die Bergmänner, trieben Stollen in die Berge, um es zu fördern. Die Verarbeitung des harten Stoffes aber erforderte eine enorme Hitze. Und jetzt kommen die Köhler ins Spiel. Kein noch so großes Holzfeuer, kein noch so imposanter Blasebalg konnte vollbringen, was des Köhlers Gewerk war: einen Brennstoff herzustellen, der in der Lage war, über Stunden, sogar Tage, eine konstante, nie gekannt hohe Temperatur zu garantieren. Die Zauberformel dafür lautete: komprimiertes CO_2, Holzkohle also. Das Verfahren, das der Eisengewinnung und anschließend seiner Veredelung diente, hieß fortan „Verhüttung" – die Geburtsstunde unseres wachsenden Wohlstandes.

Lexika lehren uns: Das Köhlerhandwerk ist in Deutschland nahezu ausgestorben. Tasächlich? Wir haben nachgeforscht und fragten uns: Was steckt in den Katalysatoren der Autos, was in den Dunstabzugshauben unserer Küchen, was in den Tabletten gegen Durchfall und was in den Schornsteinen der Industriebetriebe, die Filtern, was Bäume vergraulen könnte? Und: Womit grillen wir im Sommer und wo kommt das Schwarze aus den handlichen, bunten Beuteln eigentlich her? Von hier zum Beispiel: aus dem Betrieb Stemberghaus im südöstlichen Harz, einer der Handvoll Köhlereien in Deutschland, die auch noch im 21. Jahrhundert Energie gewin-

Die Köhlerei Stemberghaus (oben links): Im Vordergrund sieht man die aufgeschichteten Buchenscheite, dahinter steht die Schütte zum Abfüllen

Das Qualitätsprodukt (oben rechts): ein Stück Buchenholzkohle. Sie hat einen vierfach höhreren Brennwert als etwa die Kohle aus Fichte

Die mobile Eisenschütte hat schon einige Jahrzehnte auf dem Buckel. Im Hintergrund eine Köhlerhütte

Und jetzt 'ne Currywurst!
Denise (links) und Christa
arbeiten im Köhler-Imbiss

Freilichtmuseum Harz-Köhle-
rei: Souvenirs und Infos
rund um die Holzkohle

nen, die als nachhaltig und somit umweltfreundlich gelten darf. „Wir nehmen nur Buchenbruchholz, lassen keinen Baum fällen", versichert Köhlerei-Chef Peter Feldmer. Feldmer betreibt den Betrieb mit seinen beiden Söhnen. Er ist gebürtiger Magdeburger, hat in der DDR Forstwirtschaft studiert und bezeichnet sich selbst als einen „echten Holzwurm und Köhler". Nach der Wende hat er den Betrieb Stemberg-haus gekauft, wo er jahrzehntelang beschäftigt war. Seitdem produziert die Feld-mer-Köhler-Familie Holzkohle nach traditioneller Art. Scheite von Buchen werden aufgeschichtet, mal wie vor 200 Jahren wie ein erdbedeckter Germknödel, aus dem es aus allen Poren dampft, mal in einem moderneren Eisenkessel.

„Wir wünschen uns, dass die Köhlerei nicht in Vergessenheit gerät", sagt Peter Feldmer. Deshalb produziert der Betrieb nicht nur 100 Tonnen hochwertige Holz-kohle im Jahr (10 Kilo zu knapp 7 Euro), sondern auch Erinnerungen: Im Stemberg-haus gibt es ein Köhler-Museum und ein Freigehege für die Tiere des Harzes. Das ganze Gelände ist eine Art Freilichtmuseum mit Werkzeugen und Transportmit-teln. Die Hillebille kann man dort hören und sehen, auch die „Köhlertipis" und wa-rum die Köhlerwagen früher aus Binsengeflecht waren. Peter Feldmer: „Das Ge-flecht garantierte den Verhüttungsbetrieben, dass kein unnützer Ballast verkauft wurde. Der nicht brennbare Kohlenstaub rüttelte über die Harzwege aus dem Wa-gen. Übrig blieb die harte Ware." Alles nur Romantik? Neben dem historischen Köh-lerfeuer steht ein „Tipi". Darin ein Radio, ein kleiner Tisch, Bänke zum Schlafen. Alle zwei Stunden wechseln sich die Feldmer-Männer ab. Tag und Nacht, von März bis Oktober. Denn das Feuer darf die Kohle nicht verderben … ■

In der Harz-Köhlerei Stemberghaus wird noch richtig Kohle gemacht

Historisch und modern – zwei Wege führen im Stemberghaus zum begehrten Stoff: Links oben bearbeitet
Peter Feldmer einen traditionellen Meiler. Rechts schichtet sein Sohn in einem selbst konstruierten Eisenmeiler
Buchenscheite. Die historische Methode benötigt zwei Wochen, dann kann die Holzkohle „geerntet" werden,
die moderne Variante dauert zwei Tage. Unten füllen die Feldmer-Söhne mit der Schütte die geerntete Holzkohle
aus dem Naturmeiler in Pappsäcke. Zuvor musste die Kohle mit der Harke von Erde und Ruß getrennt werden.

2. Freddy Quinn

3. Heinz Ehrhardt

4. Willy Brandt

1. Helmut Schmidt

5. Heidi Kabel

6. Hans Albers

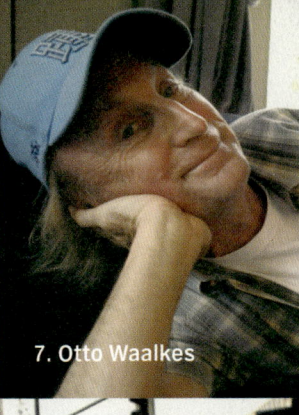
7. Otto Waalkes

Die zehn größten Norddeutschen

Wer hat sich die größten Verdienste erworben, Geschichte geschrieben, unsere Herzen erobert, Menschen und Zeiten bewegt?

1. Helmut Schmidt (* 23. 12. 1918 in Hamburg): Seine wichtigsten Stationen: Hochzeit mit Loki 1942, Sturmflut 1962, Wahl zum Kanzler 1974, Deutscher Herbst 1977, Misstrauensvotum 1982.

2. Freddy Quinn (* 27. 9. 1931 in Wien): Mit Seemannsliedern à la „Junge komm bald wieder" (1963) trifft das Allround-Talent 1963 den Nerv seiner Zeit …

3. Heinz Ehrhardt (*22. 2. 1909 in Riga; †5.6.1979 in Hamburg): Ob mit seinen Gedichten oder seinen Filmen, der bekennende Bockwurst-Liebhaber brachte Generationen zum Lachen.

4. Willy Brandt (*18. 12. 1913 in Lübeck; †8.10.1992 in Unkel): Zum Friedensnobelpreis führte sein Kniefall im Warschauer Ghetto. 1974 tritt der erste SPD-Kanzler nach einer Spionage-Affäre zurück.

5. Heidi Kabel (*27.8.1914 in Hamburg; †15.6.2010 in Hamburg): Mit Witz, Herz und plattdeutscher Zunge stand sie über 64 Jahre auf der Bühne des Ohnsorg-Theaters.

6. Hans Albers (*22.9.1891 in Hamburg; †24.7.1960 in München): Als Kinostar gefeiert („Münchhausen"), als Sänger („La Paloma", „Auf der Reeperbahn nachts um halb eins") unvergessen.

7. Otto Waalkes (*22. 7. 1948 in Emden): Ob auf der Bühne, auf Platte, im TV oder im Kino – seit über 35 Jahren blödelt sich der Ostfriese schon in unsere Herzen.

8. Vicco von Bülow (*12. 11. 1923 in Brandenburg): Gentleman und Komiker – so fein wie „Loriot" konnte keiner vor oder nach ihm mit Humor umgehen.

9. Uwe Seeler (*5. 11. 1936 in Hamburg): In seiner 18-jährigen Karriere bestreitet „uns Uwe" fast 600 Spiele für den HSV, 72 weitere für die Nationalelf, bei der er heute noch „Ehrenspielführer" ist.

10. Margot Käßmann (*3. 6. 1958 in Marburg): Ihre Alkoholfahrt Anfang 2010 kostete sie ihre Ämter als Landesbischöfin und Vorsitzende der Deutschen Evangelischen Kirche. Die Leute mögen sie trotzdem.

8. Vicco von Bülow

9. Uwe Seeler

10. Margot Käßmann

„Die Frontsau der deutschen Fernsehköche", so nannte ihn die „Welt am Sonntag". Seit über 20 Jahren rührt Rainer Sass für den Norddeutschen Rundfunk in den Töpfen

Nordfood: Am Herd bei Rainer Sass

Norddeutsche Küche – das ist viel mehr als Räucheraal, Labskaus oder Grünkohl. Zum Beweis zaubert NDR-Volkskoch Rainer Sass ein norddeutsches Drei-Gänge-Menü. Nachkochen empfohlen ...!

Zutaten

Matjesfilets

Für die Sauce:
2 Bananen

1 Dose Kokosmilch (400 ml)
1 EL Currypulver
1½ Tassen Riesling
1 Tasse süße Sahne

Für die Rösti (4 Personen):
5 fest kochende, mittelgroße Kartoffeln (geschält)
Salz, Muskat, Pfeffer und Butterschmalz

Vorspeise: Matjes mit Bananensauce und Rösti

Zubereitung der Sauce: Die Bananen kleinschneiden und mit Kokosmilch, Sahne, Wein, Curry und Cayennepfeffer 8 bis 10 Minuten bei kleiner Hitze köcheln lassen. Anschließend die Zutaten erst mit einem Stabmixer vermischen, dann durch ein feines Sieb passieren und noch etwas einkochen lassen – die Sauce soll schließlich eine sämige Konsistenz bekommen. Übrigens: Die Bananensauce wird kalt serviert.

Zubereitung der Rösti: Die Kartoffeln schälen und grob reiben. Jetzt die Masse in ein Tuch geben und die Stärke ausdrücken. Mit Salz, Pfeffer und Muskat würzen und in einer beschichteten Pfanne in Butterschmalz knusprig braten.

Die Rösti mit Matjes, Bananensauce und einem kleinen Salat servieren. Dazu passt hervorragend ein gut gekühlter Riesling.

Hauptgang: Oldenburger Bauernente

Zubereitung der Ente: Vorab die Ente innen und außen salzen und pfeffern und mit der Früchtemischung gut füllen und zunähen. Dann in den vorgeheizten Ofen schieben und 30 Minuten bei 200 Grad backen lassen. Jetzt den Vogel wenden und weitere 60 Minuten bei 180 Grad im Ofen lassen.

Wichtig: Die Ente ständig mit Bratensatz und Wasser begießen und den Bratensatz immer mit frischem Wasser auffüllen, damit er nicht anbrennt.

Tipp: Während der Bratzeit die Ente an Keule und Bauch anstechen, damit das Fett abfließt. Zum Ende der Garzeit mit aufgelöstem braunem Zucker bestreichen. Aber Vorsicht: Die Ente wird so sehr schnell braun!

Zubereitung der Sauce: Zunächst die Geflügelknochen, die entfetteten Mägen und den Hals mit dem Suppenbund in Butterschmalz so lange scharf anbraten, bis alles eine schöne Farbe bekommt. Jetzt das Tomatenmark dazugeben und mit Wasser und Rotwein ablöschen. Pfefferkörner und Lorbeerblatt hineingeben und alles bei schwacher Hitze 2 Stunden köcheln lassen. Anschließend durch ein Sieb passieren, den Sud nochmals reduzieren und dann mit einem Gemisch aus Butter und Mehl etwas binden. 50 Gramm zimmerwarme Butter mit Mehl verkneten und nur so viel in die Sauce geben, bis eine sämige Konsistenz entsteht.

Tipp: Die Sauce kann man auch mit Orangensaft, Preiselbeergelee oder einem Schuss Balsamicoessig würzen.

Idealer Begleiter zur Ente sind Sauerkraut und Kartoffelklöße.

Bei Gourmet-Autodidakt Rainer Sass kommt deftige norddeutsche Küche auf den Tisch – auf unkomplizierte Weise verfeinert mit allem, was die nationale und internationale Küche zu bieten hat

Zubereitung des Sauerkrauts:
Das ausgedrückte Kraut mit Zwiebeln, Apfel, Butter, Gewürzen und Weißwein bei geschlossenem Deckel eine Stunde köcheln lassen.

Zubereitung der Klöße: Die Kartoffeln waschen und in Salzwasser mit etwas Kümmel circa 20 Minuten garen. Abgießen, ausdampfen lassen, pellen und durch eine Kartoffelpresse in eine Schüssel drücken. Etwas abkühlen lassen. Das Kartoffelmehl, die Eigelbe und die flüssige Butter hinzufügen, zu einem glatten Teig verkneten. Den Teig mit Salz und Muskatnuss würzen, etwa 20 Minuten ruhen lassen. Aus dem Kartoffelteig 6 bis 8 Klöße formen und in einem Topf in reichlich Salzwasser garen, bis sie an der Oberfläche schwimmen.

Die Füllung ist zwar in erster Linie als Aromageber gedacht, kann aber auch gegessen werden.

Zutaten

Für die Ente:
1 Bauernente (2,2–2,5 kg)
Brauner Zucker
Pfeffer, Salz

Für die Füllung:
1 Apfel
1 Orange (ohne Schale und Haut)
1 EL geriebener Majoran

Für die Sauce:
Geflügelklein (Hälse, Mägen, Knochen – mindestens 1 kg)
Suppenbund (geputzt und gewürfelt)
10 Pfefferkörner
1 Lorbeerblatt
1 EL Tomatenmark
½ Liter Rotwein
1 Liter Wasser
Etwas Salz

Für das Sauerkraut:
1 kg Sauerkraut
3 Zwiebeln
1 Apfel (am besten Boskop)
½ Liter Weißwein (Riesling)
2 EL Butter
Etwas Salz
10 Pfefferkörner

**Für den Kartoffelkloß
(6 bis 8 Stück):**
600 g Kartoffeln (mehlig kochend)
Etwas Salz
Kümmelsamen
50 g Kartoffelmehl
3 Eigelb
50 g flüssige Butter
Frisch geriebene Muskatnuss

Rainer Sass lebt mit
seiner Frau Antje und der
Jack-Russel-Hündin
Linda in einem kleinen
Dorf bei Stade

Seit 20 Jahren Herr der NDR-Töpfe

Rainer Sass – über einen, der auszog, das Kochen zu lernen

Kochen muss Spaß bringen, und gutes Essen bringt gute Laune!" Schon früh entdeckte Rainer Sass seine Leidenschaft fürs Kulinarische: „Als Kind half ich meiner Mutter in der Küche – am liebsten verfeinerte ich Tomatensuppen aus der Dose." Und auch später in der Schule zeigte er sein Talent am Herd: Als einziger Junge nahm er am Fach Hauswirtschaft teil und kochte gemeinsam mit den Mädels. Ob allerdings das Interesse dabei ausschließlich dem Kochen galt …?

Doch statt Koch zu werden, stieg Sass in die Versicherungsbranche ein, in der er noch heute hauptberuflich tätig ist. „Ich wollte Geld verdienen", sagt er. „Das meiste davon habe ich aber gleich für Töpfe und Pfannen ausgegeben" – und später für kulinarische Reisen zu Sternerestaurants in ganz Deutschland. Sass hospitierte bei Eckart Witzigmann in München („Aubergine") und schaute bei Hans-Peter Wodarz in Wiesbaden („Die Ente im Lehel") in die Töpfe.

Seit nunmehr 20 Jahren schwingt der kochende Autodidakt aus Stade beim NDR den Kochlöffel, sorgt mit seinem lautstark-ungezwungenen und unverkennbar norddeutsch geprägten Moderationsstil für Quoten. Derzeit ist er in „Wünsch dir Sass" als Volkskoch unterwegs im Norden. Frisch auf dem Markt: „Rainer Sass – Das Kochbuch" mit den besten Rezepten aus der TV-Serie. ∎

Nachspeise: Kirschpfannkuchen

Zubereitung der Pfannkuchen:

Aus Mehl, Eigelb, Milch, Amaretto und dem Mark aus der Vanillestange einen geschmeidigen Teig rühren – darunter das steifgeschlagene Eiweiß heben. Nun eine beschichtete Pfanne ausbuttern, 1 EL Mandeln hineingeben und den Teig daraufließen lassen. Die Pfanne kurz von der Herdplatte nehmen und die entsteinten Kirschen dazugeben. Alles einmal leicht anbraten und dann für 10 Minuten in den 200 Grad heißen Ofen schieben: Hier backt der Pfannkuchen schön von allen Seiten. Nach 10 Minuten den Fladen wenden und einen weiteren EL Mandeln und etwas Butter auf den Pfannkuchen geben. Jetzt noch für mindestens 5 weitere Minuten im Ofen lassen. Wenn der Pfannkuchen gar ist, gibt man ihn auf eine Platte, süßt ihn mit Puderzucker und gibt den aufgeschlagenen Weinschaum dazu.

Zubereitung des Weinschaums:

Die Eigelbe mit dem Zucker schaumig rühren und peu à peu den Wein dazugießen, bis eine feste Konsistenz erreicht ist.

Zum Pfannkuchen am besten den Wein servieren, der auch im Schaum ist. Viel Spaß und guten Appetit!

Zutaten

Für die Pfannkuchen:
125 g Mehl
3 Eier, Butter
¼ Liter lauwarme Milch
Mark von 1 Vanillestange
1 Schnapsglas Amaretto
2 EL gehobelte Mandeln
Puderzucker
15 entsteinte dicke Süßkirschen

Für den Weinschaum:
50 g Zucker
4 Eigelbe
0,2 Liter weiße Spätlese

Raus aus der Stadt, ab auf's Land –

Landlust pur: Drei denkmalgeschützte Bauernhöfe zählen zu den schönsten in Norddeutschlan

Traumhafte Bauernhöfe im Norden

Willkommen in Mecklenburg-Vorpommern, Schleswig-Holstein und Niedersachsen

Sehnsuchtsort

Im Westen der Insel Rügen, gegenüber von Hiddensee, liegt ein
Eiland, dessen Name so kurz ist wie die Insel klein: Öhe.
Hier lebt Familie Schilling in einem liebevoll renovierten Vierseithof

Den Vierseithof auf der Insel Öhe haben Nicoll und Mathias Schilling 1990 liebevoll renoviert. Das Paar schützt seine Insel vor Touristen, Autoverkehr und allem anderen, was ihr nicht guttut. Nur die Ostsee und die Seeluft haben freien Zugang

Ruhiger als die Schillings kann man kaum leben. Nachbarn oder spontane Besuche gibt es nicht. Der alte Hof liegt auf einer kleinen Insel zwischen Rügen und Hiddensee: Öhe, pommersch für „Eiland". Es gibt nur den Zugang über das Wasser mit der alten Fähre oder per Boot. Und auf der Insel nur die Schillings. Seit Generationen. Zum Glück. Dank der Abgeschiedenheit ist Öhe bei allem Zeitenwandel um sie herum ein Paradies geblieben.

Die Schillings haben sich bewusst entschieden, der Stadt den Rücken zu kehren und den klassischen Vierseithof der Vorfahren behutsam zu restaurieren. Leben wollen sie von der Viehzucht. Die beiden setzen dabei auf Klasse statt Masse – und mehr Natürlichkeit ist in der Tat nicht möglich. Schafe und Rinder weiden, umweht von der Ostseebrise, auf Salzwiesen. Durch die Beweidung schützen die Schillings die Küste, Seevögel finden sichere Brutplätze. Die Natur, der Horizont: spektakulär. Wenn es die Insel Öhe nicht schon gäbe, müsste sie erfunden werden ...

Nicoll und Mathias Schilling genießen die Ruhe auf ihrer Insel. Seit Generationen ist Öhe in Familienbesitz. Die beiden betreiben eine kleine, aber feine Viehzucht auf der Insel

Engel in Angeln

Zwischen Flensburg und der Schlei liegt Hof Lücke – ein Kleinod der besonderen Art

Angeln heißt der Landstrich zwischen der Flensburger Förde und der Schlei, benannt nach dem Volksstamm der Angeln, der etwa 400 n. Chr. nach England auswanderte. Geblieben sind ungewöhnliche Ortsnamen mit „by"-Endung sowie die spröde, platte Landschaft.

Inmitten von Rapsfeldern, knorrigen Eichen und duftendem Flieder liegt Hof Lücke, der einzige noch erhaltene Dreiseithof in Angeln. Hier wird jeder Besucher freundlich empfangen – von den verschmusten Katzen und den sympathischen Besitzern.

Als ihre Eltern den Hof nicht mehr bewirtschaften konnten, entschloss sich Gisela Lorenzen, den Job als Ernährungsberaterin an den Nagel zu hängen und stattdessen Galloways, Ponys, Hühner, Enten und Katzen zu versorgen. Und ihre Gäste mit frisch gebackenem Brot aus dem alten Backhaus zu verwöhnen.

Oben: Die ehemalige Ernährungsberaterin züchtet im Nebenerwerb nicht nur Galloways – sie backt auch ihr eigenes Brot. Die Wohn- und Wirtschaftsgebäude von Hof Lücke sind historische Fachwerkbauten mit Reetdächern

Gisela Lorenzen beim Füttern ihrer Schafe. Ihr Hof ist neben dem Ökobetrieb
auch Schleswig-Holsteins erster anerkannter Kneipp-Gesundheitshof

Hof Lücke – vor über 250 Jahren erbaut, steht der einzig noch erhaltene Dreiseithof in Angeln heute unter
Denkmalschutz. Das idyllische Anwesen war auch Drehort für die Fernsehserie „Der Landarzt"

Wo Mönche einst Fische fingen

Gut Daudieck liegt in einer der schönsten Gegenden des Land-
kreises Stade – die jahrhundertealten Gebäude vermitteln
einen Eindruck von den Lebensbedingungen in alten Zeiten

Mitten im Wald, am Rande des Alten Lands befindet sich Gut Daudieck. Ein romantisch-verwunschener Ort mit vielen lauschigen Seen und Alleen und noch mehr spannenden Sagen und Geschichten. Ein Hof mitten im Naturschutzgebiet.

Einst diente das jahrhundertealte Gut als Fischlieferant für Mönche, heute kümmert sich Familie Brümmel unter anderem um 200 Schweine und etwa 600 Ferkel. Und das ökologisch wertvoll: Selten sieht man Schweine so zufrieden wie hier.

Gut Daudieck war im Mittelalter Klostergut. Die großen Teiche dienten den Mönchen als Fischlieferant und werden heute noch bewirtschaftet

Verschnaufpause am Rhododendron: Während Henning Brümmel den Hof nach den Richtlinien der biologisch-organischen Landwirtschaft betreibt, kümmert sich seine Frau liebevoll um das denk-malgeschützte Anwesen

Arche-Pflegerin
Birgit Katschmareh
mit „Fred", einem
Federfüßigen Zwerghahn.
Aus der Stalltür lugt
das Angler Rind „Nelle"

Willkommen
auf der Arche

Der Tierpark Warder rettet bedrohte
Nutztierrassen. Ein europaweit
einzigartiges Schutzprojekt

Das 40 Hektar große Gelände der Arche Warder ist ein wahres Paradies für bedrohte Nutztierarten. Nicht nur Kinder gehen hier gerne auf Entdeckungsreise, um im Streichelzoo schon am Eingang plüschige Arche-Bewohner zu kraulen

Zum Beispiel das dunkelbraune Zicklein „Sugar", das Tierpflege-Azubine Carolin Reimertz (ganz links) mit der Flasche aufgezogen hat

Auch die gutmütige Schwedische Bergkuh freut sich über Zaungäste. Die hornlose Rasse, auch Fjäll-Rind genannt, stammt aus Skandinavien. Ihr Bestand ist bedrohlich zurückgegangen

Stolz watscheln vier Emdener Gänse am Warder-Teichufer durchs Grün. Ihr Bestand ist extrem gefährdet. Dasselbe gilt für die Bunten Bentheimer Schweine, die sich im Arche-Schlamm suhlen

Schutz im Park finden auch die Poitou-Esel „Ina" und „Pauline". Ihr Ursprung liegt in Nordafrika. Offiziell zu den gefährdeten Nutztierrassen gezählt, gibt es weltweit nur noch 300 Artgenossen

Wenn Lehrling Knud Mahlmann (links) mit einem Leckerli naht, sind die Urviecher sofort zur Stelle. Vom (weißen) Bentheimer Schaf gab es 1970 noch 50 Exemplare, heute 2600. Vom (dunklen) Rotkopfschaf wurden 1979 die letzten seiner Art vor dem Schlachthof gerettet

Pause machen die Helfer auf der Restaurantterrasse bei Anita Grabowsky (links im Bild)

Schöne Schweinerei. Der schwergewichtige Koloss begrüßt die Zaungäste an seiner Weide lautstark wie eine richtige Sau, und auch ihre quiekenden Babys wälzen sich wie normale Ferkel im Dreck. Und doch – irgendwie ist alles anders. Ganz anders. Sind Schweine nicht rosa? Diese hier sind rot-braun und weiß. Einige gefleckt, andere mit marmoriertem Muster auf Rücken und Bauch. Und wenn man noch etwas genauer hinschaut, erkennt man: Jedes dieser Tiere hat sogar ein eigenes Gesicht. Wie Fabelwesen!

Schweinchen aus der Vergangenheit. In der Tat sind es die Letzten ihrer Art. Nur 80 Rotbunte Husumer Schweine gibt es noch auf der Welt. Die Rasse, die sich seit 1864 in Schleswig-Holstein als äußerst schmackhafter Fleischlieferant entwickelte, wurde Ende der 1960er Jahre verschmäht und dann vergessen.

1500 Tierarten weltweit sind vom Aussterben bedroht. Doch zu ihnen gehören nicht nur Sibirische Tiger, Blauwale oder Orang-Utans, sondern auch alte Bekannte aus Deutschlands Norden: Schweine, Rinder, Pferde, Schafe, Gänse, Hühner. Nicht die Arten, die heute auf den Höfen stehen, sondern deren Vorfahren. Diese Tiere für die Nachwelt zu erhalten ist Ziel der Arche Warder, eines Tierparks bei Neumünster, der 1989 von Biologen und Zoologen gegründet und von Greenpeace als Umweltprojekt neu aufgebaut wurde.

Warum sind diese alten Nutztierarten so wichtig? „Weil ohne sie viele ihrer Eigenschaften für immer verloren wären", erklärt Dr. Kai Frölich. Der 50-jährige Veterinär ist seit 2007 der Noah der Arche Warder. Die Urviecher, die in seinem (in Europa einzigartigen) Tierpark stehen, „erhalten die genetische Vielfalt unserer Welt", so der Direktor der Arche. Diese Ursprungsrassen seien genügsam, robust und sehr stressresistent. „Die fallen nicht gleich tot um, wenn sie sich erschrecken." Die alten Arten seien, im Gegensatz zu ihren hochgezüchteten Kollegen, auch besonders widerstandsfähig gegen Krankheit – eine Eigenschaft, die in Zeiten von Rinderwahn oder Schweinepest wertvoll ist.

Rund 800 Tiere aus 70 alten Nutztierrassen leben auf dem 40 Hektar großen Areal. Einige Tiere stammen von Privatleuten, die als Hobby diese Arten erhalten haben. Wie etwa das Chinesische Maskenschwein, dessen Gesicht aussieht wie eine einzige Knautschzone mit Schlappohren. Nicht schön, aber einzigartig. Da es besonders früh geschlechtsreif wird, wirft es mehr und häufiger Junge als andere Rassen. Das Maskenschwein gilt als die älteste erhaltene Hausschwein-Art.

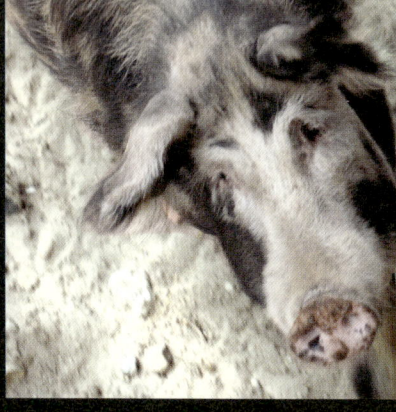

Das Zackelschaf mit seinem Schraubenziehergehörn, das Turopoljer Schwein oder die Graugänse sind Nutztierrassen, die in der Arche Warder erhalten werden

In der „Farmküche" gibt es Steaks aus eigener Schlachtung. Arche-Chef Dr. Frölich: „Viele Menschen haben vergessen, wie wichtig Haustiere für unsere Entwicklung waren. Sie bedeuteten Sesshaftwerdung, Arbeitsteilung, Fortschritt. Ohne sie wären wir nie zum Mond geflogen."

Der Mensch ist schuld, dass die alten Nutztierrassen mit den neuen nicht mithalten konnten. Vor allem, weil diese für ganz bestimmte Aufgaben gezüchtet wurden. So geben etwa Kühe heute zwar bis zu 12 000 Liter Milch im Jahr, „aber das sind Hungerhaken", so Dr. Frölich. Für die Fleischerzeugung gäbe es andere Arten. Altdeutsche Schwarzbunte hingegen, die es seit dem 14. Jahrhundert gibt, liefern beides – Fleisch und Milch. Von Letzterer immerhin bis zu 7000 Liter im Jahr.

Bedroht sind auch die Bunten Bentheimer Schweine. Von ihnen gibt es nur noch 250 Zuchtexemplare. Auf der Roten Liste der Gesellschaft zur Erhaltung alter und gefährdeter Haustierrassen stehen sie in der Kategorie eins – „extrem gefährdet". Ihr Problem: Ihr Fleisch enthält 20 Prozent mehr Fett als das normaler Schweine. Das sei heute nicht mehr gefragt, klagt Frölich. „Die Menschen essen lieber mageres Fleisch." Noch immer stirbt jeden Monat eine Haustierrasse aus. Warder kämpft dafür, dass das wertvolle genetische Material erhalten bleibt. Tierschutz mit Messer und Gabel …

Probieren Sie mal! Je gefragter das Fleisch der Urtiere beim Verbraucher sei, desto eher lohne es sich, sie zu züchten, sagt Dr. Kai Frölich. Darum verkauft der Park gezüchtete Nachkommen nicht nur an Hobbyhalter und Züchter, sondern auch an Schlachtereien. Natürlich auch an Besucher. Neben Honig aus eigenen Bienenstöcken, diversen Käsesorten und Postkarten gibt's im Hofladen eingeschweißten Schinken sowie Lammsalami von bedrohten Urviechern für daheim. Im Farmrestaurant der Arche Warder kann man auch gleich ein Steak von gefährdeten alten Schweinerassen kosten. Für nicht mal 10 Euro und im Sommer auf der urigen Außenterrasse mit Blick auf den Spielplatz.

Überhaupt spielen kleine Besucher in Warder eine große Rolle. Der Park versteht sich als lebendiges Museum, erklärt der Arche-Chef. Die Bedeutung alter Nutztierrassen für die kulturelle Entwicklungsgeschichte des Menschen wird hier anschaulich und spannend vermittelt. Sonderveranstaltungen zum Mittelalter oder auf dem Gelände der Steinzeitsiedlung zeigen, wie das Zusammenleben von Mensch und Tier in jenen Zeiten aussah. Spektakuläre Karussell-Attraktionen könne und wolle man nicht bieten, so Direktor Frölich. Aber es sei doch jedes Mal wieder aufs Neue erstaunlich, „wie viele Großstadtkinder mit großem Spaß im trockenen Stroh herumtollen, das sie zuvor nie gesehen haben".

Die Rettung der alten Tierrassen ist teuer. Frölich: „Rund 1,5 Millionen Euro fallen im Jahr an. Von der Tierpflege bis zum neuen Zaun." Diese Kosten deckt die Arche Warder aus Tierverkäufen und Eintrittsgeldern (60 000 Besucher im Jahr) sowie mit Tierpatenschaften und Spenden. Um erfolgreich arbeiten zu können, braucht die Arche Warder aber auch ein funktionierendes Netzwerk. Mit ihren Forschungsvorhaben zu den physiologischen Besonderheiten alter Rassen und der Schutzproblematik ist das Unternehmen eng mit einigen Universitäten verknüpft. Zum Austausch von Informationen und Erfahrungen pflegt Warder zudem Kontakte zu Naturschutzstiftungen, Zoos und Tierparks, zu Herdbuchzüchtern und anderen Arche-Höfen sowie zur Gesellschaft zur Erhaltung alter Haustierrassen. Mittlerweile ist der Tierpark Warder zu einem angesehenen und modernen Wissenschaftszentrum geworden.

Wer weiß … Vielleicht erscheinen uns die Rotbunten Husumer Schweine von der Weidekoppel ja schon in wenigen Jahren überhaupt nicht mehr wie dubiose Fabelwesen, sondern „nur noch" wie eine ganz normale und putzige Sauerei aus dem Norden. Und lecker noch dazu. ■

2. Fehmarnsundbrücke   3. Kaiser-Wilhelm-Brücke   4. Köhlbrandbrücke

Die zehn schönsten Brücken des Nordens

Ob am Meer oder im Binnenland, ob Dreh-, Hub- oder Klapptechnik – diese
architektonischen Meisterleistungen sorgen für Verbindung in Norddeutschland

1. Rügenbrücke

5. Schwebefähre Oste   6. Meiningenbrücke   7. Peenebrücke

1. Rügenbrücke 2007 wurde die längste Brücke Deutschlands eingeweiht: Über die seilverspannte Hochbrücke (Pylonenhöhe: 128 Meter) fährt man vom vorpommerschen Festland auf die Insel Rügen. Kosten für das 4,1-Kilometer-Bauwerk (180 000 Tonnen Beton, 22 000 Tonnen Stahl): 125 Millionen Euro.

2. Fehmarnsundbrücke Der „größte Kleiderbügel der Welt" verbindet die Ostseeinsel Fehmarn mit dem deutschen Festland. Die 963 Meter lange Bogenbrücke ist seit 1963 für den Straßen- und Eisenbahnbetrieb freigegeben.

3. Kaiser-Wilhelm-Brücke Mit einer Spannweite von 159 Metern und einer Breite von 8 Metern ist die größte Drehbrücke Europas seit 1907 ein Wahrzeichen Wilhelmshavens.

4. Köhlbrandbrücke Die aus 88 Stahlseilen (je 10 Zentimeter dick) bestehende Schrägseilbrücke ist 3940 Meter lang und überbrückt seit 1974 Hamburgs Elbarm Köhlbrand. Deutschlands zweitlängste Brücke erreicht eine Höhe von 55 Metern, die Pylonen ragen 135 Meter hoch.

5. Schwebefähre Oste Nur acht Konstruktionen dieser Art gibt es weltweit: Die älteste Schwebefähre Deutschlands (Baujahr 1909) kann 6 Pkw oder 100 Personen gleichzeitig transportieren. Heute ist sie für touristische Zwecke in Betrieb.

6. Meiningenbrücke Vom Festland führt die stählerne Fachwerkträgerbrücke auf die Halbinsel Zingst. Sie besteht aus einem festen Teil, 16 Einzelsegmenten und einem Drehteil. Ihre Länge: 329,3 Meter. 1910 als Eisenbahnbrücke gebaut, wird sie heute nur noch für den Straßenverkehr genutzt.

7. Peenebrücke 2007 wurde die größte Waagebalken-Klappbrücke Deutschlands für den Bahn- und Straßenverkehr freigegeben. 2289 Tonnen Stahl waren für das 255,9 Meter lange Bauwerk nötig.

8. Rendsburger Hochbrücke Seit 1913 überspannt die Eisenbahnbrücke (Länge: 2486 Meter, Höhe: 42 Meter) den Nordostseekanal. Für Fußgänger und Fahrzeuge trägt sie zudem eine Schwebefähre.

9. Wieker Holzklappbrücke Das technische Denkmal in Greifswald – 1887 nach niederländischem Vorbild gebaut – gilt als eines der ältesten seiner Art. Maße: 55,1 Meter lang und 7,5 Meter breit.

10. Eiderbrücke 1916 wurde die Brücke über die Eider bei Friedrichstadt gebaut. Die genietete Stahlkonstruktion ist insgesamt 245 Meter lang.

8. Rendsburger Hochbrücke

9. Wieker Holzklappbrücke

10. Eiderbrücke

Kult-Tour: Harte Tage in Wacken

Immer am ersten Augustwochenende strömen Zehntausende Fans zum weltgrößten Heavy-Metal-Festival in das kaum 2000 Einwohner starke Wacken. Ausnahmezustand in der Holsteinischen Provinz

Zum Beispiel Walburga Meinecke. Vielleicht fing in ihrem Gasthof in Wacken alles an, als noch kaum jemand das hellgrüne Fleckchen in Schleswig-Holstein kannte, damals, vor 21 Jahren. Nun sitzt sie am wuchtigen Eichenholztisch in ihrem dunklen Gastraum und erzählt. Wie die Festivalgründer Thomas Jensen und Holger Hübner ein Konzert spielten, hier im Hof, und wie da das Dach beinahe davongeflogen wäre.

Open Air kam erst ein Jahr später, die beiden Jungs holten den Metal auf den Acker: 800 Zuschauer, ein paar Bands aus dem Umland. Viele Bewohner verrammelten vor Schreck Fenster und Türen. Für alle Fälle. So war das.

Wacken also. Rückblickend ließe sich die Geschichte seines Festivals in Dezibel erzählen, in getrunkenen Litern Bier, gerissenen Gitarrensaiten oder den Flugmeilen, die manch ein Besucher Jahr für Jahr zurücklegt, nur für diese drei Tage Anfang August. Doch es ist auch die Geschichte einer Annäherung zweier einander eigentlich fremder Gemeinschaften: das ländliche Kleinbürgertum in seiner backsteinernen Ordnung hier und da die Metal-Subkultur, die sonst ebenjene Kleinbürger das Fürchten lehrt.

Jetzt sitzt man in exakt gemähten Wackener Vorgärten und trinkt zusammen Dosenbier. Zur Mittagszeit wölbt sich das Blau satt über dem suburbanen Klinker. Vorn blüht's violett, aus einem Kassettenspieler grollt so ein Schmirgelgebrumm: „Das sind Napalm Death", sagt Alvaro und grüßt eine ältere Frau, die hinter gilben Gardinen hervorspäht. Sie grüßt zurück.

Zelte, Autos, Wohnmobile und Campingbusse, soweit das Auge reicht.
Für viele in der martialischen Szene ist Wacken so etwas wie ein Wallfahrtsort.
Aus ganz Europa reisen sie in Bussen oder im eigenen Auto an

Inzwischen kennt man einander. Alvaro kommt aus São Paulo, ist dünn wie Rauch, die Haare trägt er geflochten. Beruf: Schlosser. Vor 15 Jahren flog er zum ersten Mal her, seitdem kommt er immer, wenn das Geld reicht. Im ersten Jahr sei er beschimpft worden, sagt er, dort drüben an der Kirche, von einer junger Frau, wegen seines T-Shirts.

Die T-Shirts! Auf Alvaros steht „God hates us all". Die der vorbeiziehenden Grüppchen zeigen umgedrehte Kreuze, Zombies, Skelette, Drachen und den Leibhaftigen. „Vielleicht kannten sie das früher nicht", sagt Alvaro. „Ist ja ein Dorf."

Heute muss man sagen: Das Dorf wuchs mit seinen Aufgaben! Die Hauptstraße zeigt zielgruppengerechtes Marketing für die 75 000 Gäste. Das Bestattungsinstitut (Erde, Feuer, See) lockt mit einer heißen Dusche, hinter einer Auffahrt offeriert die örtliche Heilpraktikerin den Halbschatten ihrer Garage: Privat-Strip, 30 Euro.

Gegenüber gibt's Hochprozentiges, den Meter Höllenschiss zu nur 5 Euro, da kann man nicht meckern. Und wie ist's ums Innere bestellt? Bei tieferen Sorgen steht der Dorfpastor bereit – wenn nötig, auch zur Beichte.

Während die Welt 40 Jahre Woodstock bejauchzt, den Frieden, die Drogen, die Hippies und was davon übrig blieb, feiert Wacken 20 Jahre Wacken – und vergleichbar ist das, wenn man bedenkt, dass Metal doppelt so schnell gespielt wird.

Das Gelände selbst betritt man besser in Stiefeln, auf den Boden achtend, der noch rutschig ist vom nächtlichen Regen. Die ersten Autos versinken im Matsch. Statt des ADAC kommen AC/DC. Altdeutscher Met plätschert in Trinkhörner, jemand fragt, was auf der Bühne gerade laufe und wie es zu nennen sei, da ist man genau. Vor den feinen Unterschieden kapituliert das ungeübte Gehör. Sie zu erklären kann Stunden dauern, da ist Heavy Metal dem Jazz näher als dem Pop. Schneller geht's nur unter Vergröberung.

Aus Kiel ist der Ministerpräsident angereist und kommt gleich zur Sache: „Also, wegen der Musik komm ich nicht her, das muss ich sagen." Jenseits davon

Nach alter Tradition wird das Wacken Open Air inoffiziell von der Wackener Feuerwehrkapelle, den Wacken Fire Fighters, eröffnet.
Erst danach gehört die Bühne den angesagtesten Bands aus der Heavy-Metal-Szene

Entwarnung: Bislang hat niemand die Schweinegrippe. Obwohl mancher Husten danach klingt. Wie die Band Endstille, sie kommen auch aus Kiel, ihre Gesichter sind stummfilmbleich, an ihren Armen stehen Stacheln hoch. Wenn der Sänger kreischt, möchte man in Deckung gehen.

Im Mittelalterdorf links und rechts knisterndes Lagerfeuer, zwischen dem Brustharnisch (zum Aktionspreis!) und den Streitäxten wird ein Wundertrunk gereicht. Er heißt Lebenselixier, und das klingt gut, auch wenn er nicht so schmeckt.

Das „Mittel" in Mittelalter kann als aktuelle Beschreibung durchgehen: Kaum jemand ist unter 30. Hier liegt im Stroh, wer innehalten will zu sanftem Lautenklang und dem Zzzzzschptsch der Gummipeitsche. Halte 100 Schlägen stand, und es gibt eine Flasche Schnaps. Sonst keine besonderen Vorfälle, versichert die Polizei.

Seltsam, diese Gegenkultur. Was, wenn sich gar niemand mehr dran störte? Wenn Wacken überall wäre?

Power Metal

Rockig, ein bisschen Schlager; Gesang mittlere Lage bis hoch

Speed Metal

Schnell, melodisch; Gesang mittel bis krächz

Thrash Metal

Wie Speed Metal, aber mehr Punk; Gesang eher ein Keifen

Black Metal

Schepprig; Gesang fauchend

Death Metal

Salvenartig; Gesang tief wie ein umfallender Wertstoffeimer

Fantasy Metal

Orchestral; Gesang sehr hoch

Das Dorfschild von Wacken – weil es bei den Festivalbesuchern als äußerst beliebtes Souvenier gilt, montieren es die Dorfbewohner mittlerweile vorsorglich selber ab

Der erste Bremer
Samba-Umzug fand am
15. Februar 1986 mit
einer Sambagruppe und
rund 100 Teilnehmern im
Stadtteil Ostertor in
der Nähe des ehemaligen
Paulsklosters statt

„Land Unter" lautete
das Motto. Wenn es
Meerjungfrauen gibt, ist es
dann nicht nur natürlich,
dass auch Meerjungmänner
durch die Weltmeere
schwimmen?

Brasilien lässt grüßen: Carnaval do Bremen

Zur Karnevalszeit, Mitte Februar, weht in Bremen eine sanfte Brise von der Copacabana. In der Hansestadt stellt die Initiative Bremer Karneval e. V. jedes Jahr wieder den inzwischen größten Samba-Karneval Europas auf die Beine

Unter dröhnenden Trommelwirbeln ziehen die Bands aus allen Himmelsrichtungen auf den Bremer Marktplatz. Hier zwischen Roland und Rathaus, zwischen Bürgerschaft und Schütting herrscht an diesem Samstag ein ungewöhnlich buntes Treiben. Erst als die Uhr des Bremer Doms zu schlagen beginnt, verstummen die Bässe. Aber nur kurz: Nach dem zwölften Schlag wird der „größte Samba-Karneval Europas" offiziell eröffnet. Die fantasievolle Inszenierung stand 2010 unter dem Motto „Land Unter": Für gut 20 Minuten verwandelt sich der Marktplatz in eine geheimnisvolle Unterwasserwelt.

„Mit Tang behangene Menschen liefen durch die Straßen, Sand in den Kleidern und Salz im Haar", ertönt die Stimme von Katharina Witte von der Initiative Bremer Karneval durch die Lautsprecher. Nein, dies ist kei lzenläufer in Fischkostümen und Maskenspieler illustrieren dabei ihre Worte. Der Inhalt: Die Menschen richten sich auf dem Meeresgrund ein und breiten sich aus, bis die Konferenz der Tiefseetiere droht, sie fortzuschicken, „wenn sie nicht lernen, sich als Teil der Natur zu betrachten".

In der Meerjungfrau haben die Menschen eine Fürsprecherin, so geht die Geschichte am Ende gut aus. „Werdet fischig!", ruft Witte den Zuschauern am Ende zu, und damit setzt sich der Umzug der fast 2000 Sambatrommler und -tänzer, Stelzenläufer und Maskenspieler in Richtung „Viertel" in Bewegung.

Viele Zuschauer verfolgen das Spektakel am Straßenrand, einige von ihnen haben sich auch verkleidet. Renas Kejo etwa ist im Bademantel zum Marktplatz gekommen. Den hat er angesichts der Temperaturen um den Gefrierpunkt über seine normale Kleidung gezogen. „Ich wollte mich passend zum Motto verkleiden", sagt der Bremer. Dass die Fahrgäste im Bus ihn wegen seines Aufzugs komisch angeguckt haben, hat ihn nicht weiter gestört. „Einmal im Jahr ist das eben so – dann ist Karne-

val!" Das haben sich auch Cornelia von Homeyer und ihr Lebensgefährte Mike Ehrenberg gesagt. Die beiden tragen (nicht nur für Bremen) auffällig bunte Hüte und wärmen sich mit Glühwein.

„Wir sind hart im Nehmen, schließlich soll der Karneval den Winter ja auch austreiben", sagt die künstlerische Leiterin der Großveranstaltung, Janine Jaeggi. Sorgen, dass Schnee und Eis dem bunten Treiben in letzter Minute doch noch einen Strich durch die Rechnung machen könnten, hatte die 44-Jährige nach eigenem Bekunden zu keinem Zeitpunkt. „In einem Jahr haben wir bei Sturm und Hagel begonnen, und plötzlich kam die Sonne raus." Lag es an den einheizenden Trommelrhythmen? An der guten Laune auf der Straße? Wer weiß! Janine Jaeggis Rezept gegen die Kälte lautet: „Sich einfach warmtanzen." Jaeggi hat vor 25 Jahren den ersten Bremer Samba-Karneval initiiert. „Als ich 1984 nach Bremen kam, gab es hier keinen Karneval", erinnert sich die gebürtige Schweizerin. Allerdings gab es eine Sambagruppe, bei der Jaeggi gleich mitmachte und mit der sie im Jahr darauf nach

Über 120 Sambagruppen, insgesamt rund 2000 aktive Teilnehmer, waren beim 25. Jubiläum des Samba-Karnevals in Bremen dabei. Ungefähr 30 000 Zuschauer säumten die Straßen

Luzern zum Karneval fahren wollte. Als das dann nicht klappte, entstand die Idee, selbst etwas auf die Beine zu stellen.

Damals hätten etwa 100 Sambistas und Maskenspieler aus Bremen, Berlin und Hamburg an dem Mitmach-Karneval teilgenommen. „Es gab kaum Zuschauer am Rand, die Leute sind einfach gleich mitgegangen", erzählt Jaeggi begeistert. „Diesen Happening-Charakter versuchen wir auch heute beizubehalten, indem wir den Umzug im Straßenkarneval auflösen."

Seit damals ist der Bremer Karneval, der traditionell zehn Tage vor Rosenmontag stattfindet, von Jahr zu Jahr gewachsen. Bei der 25. Auflage waren nach Jaeggis Angaben fast 150 gemeldete Gruppen dabei. Sie reisen aus ganz Deutschland, den Niederlanden, Polen und Dänemark an. Längst wirbt auch die Stadt mit diesem Großevent, der nach Schätzungen der Polizei zwischen 15 000 und 20 000 Zuschauer anlockt.

Auch Ingrid und Dietrich Langhans kommen jedes Jahr. „Die Atmosphäre ist einfach toll", findet das Ehepaar, das in der Menschenmenge gerade zufällig Freunde getroffen hat. „Wenn's mir zu laut wird, dann klappe ich einfach meine Ohrenschützer runter", sagt Zuschauer Uwe Ratjen und grinst. Gerade eben haben wieder tiefe Trommelklänge eingesetzt ... ◼

Die teilnehmenden Sambagruppen kommen aus Bremen und Umgebung, aber auch aus dem Rheinland, Berlin, Augsburg, München oder Kiel und dem angrenzenden Ausland wie den Niederlanden, Österreich und der Schweiz

Klaus Störtebeker lebt – auf Rügen!

Der legendäre Pirat in Ralswiek, der größten Open-Air-Bühne Europas

Sascha Gluth ist geboren in Karlsburg bei Greifswald und aufgewachsen in Rostock. Seit 2001 gibt er den legendären Piraten Klaus Störtebeker

Weißer Nebel wabert über den Bühnenrand und taucht die Naturbühne Ralswiek auf Rügen in unwirkliches Licht. „Klaus Störtebeker. Berühmt und berüchtigt taucht er aus dem Nebel der Geschichte auf", hebt eine Männerstimme – passend zum Geschehen – aus dem Off an. Allein schon der schimmelreitergleiche Ritt des legendären Recken durch den Dunst animierte am Samstagabend einen Teil der rund 8000 Premierengäste der 18. Störtebeker Festspiele zu einem ersten Szenenapplaus.

Die Festspiele – gemessen an den Besucherzahlen seit Jahren Deutschlands beliebtestes Open-Air-Spektakel – haben eine feste Fangemeinde. Bereits mehrere Stunden vor dem ersten Kanonenschuss waren die Jünger „Störtis" mit Picknickkörben und Decken in das beschauliche Dörfchen an den Großen Jasmunder Bodden gereist, um sich auf den Ralswieker Rasenflächen bei Bratwurst und Kartoffelsalat auf das Piratenspektakel einzustimmen. Rund 200 000 Karten wurden in der Saison 2010 verkauf – ein neuer Vorverkaufsrekord.

Im diesjährigen Stück „Störtebekers Gold – Der Fluch der Mauren" macht sich der Freibeuter (gespielt von Sascha Gluth) mit seinen Mannen auf den Weg nach Andalusien. Das Stück unter der Regie von Holger Mahlich ist der zweite Teil einer Trilogie, in der der Pirat – historisch zwar nicht belegt, aber durchaus effektvoll – dem legendären Templerschatz nachjagt. 2009 wurde der Haudegen von der norddeutschen Waterkant aus dem ersten Part des Dreiteilers mit einer eisernen Lilie und dem Hinweis entlassen, sein Glück im andalusischen Granada zu suchen …

Um es vorwegzunehmen: Störtebeker erlebt, woran andere Jäger des Templerschatzes wie Tom Hanks als Robert Langdon oder Nicolas Cage als Benjamin Gates schon verzweifelten: Einem Zeichen folgt wieder nur ein Zeichen. Am Ende eines dialogreichen, mit gewagten Stunts und pyrotechnischen Knalleffekten gespickten Abends findet der Held aus dem 14. Jahrhundert eine Karte, einen Kompass und die Liebe – Letztere in Person der schönen und mit einem Fluch belasteten Maria (Claudia Gae-

bel), die – man ahnt es – irgendwie mit den Templern in Verbindung steht. „Kurs Schottland", heißt es zum Schluss eines unterhaltsamen und familientauglichen Freiluft-Theaterabends, an dem das Gute siegt und das Schlechte – ein in Genua ansässiges Geldinstitut – in Trümmern liegt.

Falk von Wangelin schuf für die 80 Meter breite Bühne mit dem imposanten Maurenpalast Alhambra und den typischen gekalkten andalusischen Häusern eine beeindruckende Kulisse. In ihr zeichnet Regisseur Mahlich die Stadt Granada als den Prototyp eines funktionierenden Multikulti-Staates, in dem Christen, Juden und Moslems Ende des 14. Jahrhunderts friedlich zusammenleben. Das Gegenbild bildet das italienische Genua mit dem raffgierigen Bankier Baptista de Rocca (Mario Ramos) und seiner äußerst wortgewaltigen Mutter, gespielt von Ingrid van Bergen.

Neben 30 Profis wirken an dem maurischen Epos 120 Laien mit: Dank der vielen Darsteller gelingen auf der weitläufigen Bühne quirlige Massenszenen, in den Gewürz- und Teppichhändler sowie Obstverkäufer ihre Waren anpreisen und Kamele durch den Sand laufen. „Das heutige Publikum ist von Fernsehen und Kino verwöhnt", erklärt Intendant Peter Hick den Anspruch der Störtebeker Festspiele. „Bei uns muss es eine ansprechende Leistung finden." Die Produktion kostete 5,5 Millionen Euro.

Seit ihrer Gründung 1993 schreiben die Festspiele eine Erfolgsgeschichte. Nicht künstlerische Selbstverwirklichung sei das primäre Ziel: „Wir wollen spannende, die Zuschauer berührende Geschichten erzählen", sagt der Intendant. Übrigens: „Der Schatz der Templer" heißt der letzte Teil der Trilogie, der vom 8. Juni bis zum 3. September 2011 auf der Naturbühne Ralswiek aufgeführt wird.. ■

Die Abenteuer des legendären Seeräubers Klaus Störtebeker: Auf der einzigartigen Naturbühne Ralswiek auf Rügen (im Hintergrund der Große Jasmunder Bodden) wird das Theaterstück mit 30 Schauspielern, über 150 Laiendarstellern, 30 Pferden und jeder Menge Spezialeffekten inszeniert

Illusion pur: Kanonensalven donnern über den Bodden, eine Kogge geht in Flammen auf und sinkt. Vor sensationeller Kulisse kämpft derweil an Land Pirat Klaus Störtebeker gegen fünf Soldaten

2. Max Schmeling

3. Steffi Nerius

4. Horst Hrubesch

1. Uwe Seeler

5. Michael Stich   6. Felix Magath   7. Astrid Kumbernuss

Die zehn besten Sportler des Nordens

Leichtathletik, Fußball, Tennis oder Springreiten – viele große Sportler Deutschlands kommen aus dem Norden. Hier sind die größten

1. Uwe Seeler Auch wenn „Uns Uwe" (*5. 11. 1936) ein ganz „großer" Titel verwehrt blieb – der „Kicker" bezeichnete den Torschützenkönig von 1964 als „Idol ohne Verfallsdatum".

2. Max Schmeling Unsterblich wurde der erste deutsche Boxweltmeister (*28. 9. 1905) im Schwergewicht 1936 mit seinem Sieg über den „braunen Bomber" Joe Louis. Am 2. 2. 2005 starb die Legende.

3. Steffi Nerius Olympisches Silber 2004, zwei Jahre später EM-Gold. 2009 verabschiedet sich die Speerwerferin (*1. 7. 1972) mit dem Weltmeistertitel.

4. Horst Hrubesch 1982 schoss er die deutsche Elf zum EM-Titel. Die „Sports" schrieb über den Stürmer (*17. 4. 1951): „Einen wie ihn, den sie ‚Ungeheuer' nannten, gab es seither im Fußball nicht mehr."

5. Michael Stich Der „kühle Norddeutsche" (*18. 10. 1968) heizte dem Tennisboom bei uns ein – als Wimbledon Champ, Davis-Cup-Sieger und ATP-Weltmeister.

6. Felix Magath Ob als Spieler oder als Trainer (Spitzname „Quälix") – Magath (*26. 7. 1953) gehört zu jenen Erfolgstypen, die den deutschen Fußball maßgeblich geprägt haben.

7. Astrid Kumbernuss Gold bei Olympia, Dreifach-Weltmeisterin, ein EM-Gold: Mit dieser Bilanz schrieb die Kugelstoßerin (*5. 2. 1970) Sportgeschichte.

8. Pascal Hens Mit Schuhgröße 48,5 und einer Größe von 2,03 Meter ist Weltmeister „Pommes" (*26. 3. 1980) in jeder Hinsicht ein überragender Handballer.

9. Alwin Schockemöhle „Champion ohne Titel" nannte man den Springreiter (*29. 5. 1937) – bis Montreal 1976: Bei den olymischen Spielen holte er Gold, wurde Zweiter mit der Mannschaft!

10. Franka Dietzsch Zehn deutsche Meistertitel, ein EM-Gold, dreifache Weltmeisterin. Nur ein Olympiasieg blieb der Ausnahmediskuswerferin (*22. 1. 1968) verwehrt.

8. Pascal Hens

9. Alwin Schockemöhle

10. Franka Dietzsch

Nordsport: Wo Friesen werfen

**Bis zu sechs Stunden dauert der Feldkampf im Klootschießen.
Die Teilnehmer rennen, springen über die Schanze, schießen den Kloot,
trinken viel Köm und pflegen das schlechte Verhältnis zwischen
Oldenburgern und Ostfriesen, die traditionell gegeneinander antreten**

Mehrfacher Europa-
meister im Klootschießen:
Hans-Georg Bohlken,
genannt der „Bär von Ellens"

E in Kloot ist eine kleine Holzkugel mit Bleifüllung, knapp ein Pfund schwer, und niemand in der zweiten Hälfte des 19. Jahrhunderts konnte diese Kugel weiter werfen als der Bauer Berend Onken aus dem Dorfe Heglitz bei Wittmund. Wenn Onken warf, strömten die Menschen aus ganz Ostfriesland herbei, 10 000, ja 15 000 waren keine Seltenheit. „Kanone" wurde Berend gerufen, sein eigentlicher Ehrenname aber lautete „Bernd Klootscheeter".

Im Winter 1883 trat das Idol der Ostfriesen leihweise in jeverländische Dienste, denn nur mit Onken in ihren Reihen glaubten die Jeverländer einen Klootschießer-Vergleich mit Butjadingen bestehen zu können. Onken warf, was seine starken Bauernarme hergaben, aber diesmal war das Glück gegen ihn. Beim letzten Wurf der Butjadinger landete der Kloot auf einer blanken Eisfläche, bekam dort erst richtig Fahrt und rollte und rollte („trüllen" sagen die Klootschießer) in schier unerreichbare Ferne. Bernd Klootscheeter versuchte es trotzdem, nahm mächtig Anlauf, warf gewaltig wie nie zuvor, doch kam die Kugel in tiefem Schnee auf, wo sie nicht trüllte, sondern wie erstorben steckenblieb – platsch und aus! Vor Wut biss Onken in den Kloot, und alte Chroniken wissen zu berichten, dass seine Zähne tief in Holz und Blei gedrungen seien. Jedenfalls wurde diese Kugel noch Jahrzehnte in Haddien bei Jever aufbewahrt, eine Ikone des Klootschießens.

Der Bernd Klootscheeter unserer Tage heißt Hans-Georg Bohlken und stammt aus dem 103-Seelen-Dorf Ellens bei Zetel. Mit einer Weite von 105,20 Metern hielt er von 1985 bis 1996 den Weltrekord im Klootschießen. In Irland wird Bohlken gar als „Mann des Jahrhunderts" gefeiert, seit er im September 1985 den Kloot über eine für unbezwingbar gehaltene Eisenbahnbrücke in der Nähe von Cork schleuderte und dafür 5000 irische Pfund kassierte. Hans-Georg Bohlken galt als Favorit bei

den Europameisterschaften 2008 der Klootschießer und Boßler, die in Cork/Irland stattfanden. Klar, selbst die Iren wetteten auf ihn. Hans-Georg kehrte mit einer Bronzenen in die Heimat zurück

Auch im ostfriesischen Norden werden zu den einzelnen Wettkämpfen zehn bis zwanzigtausend Zuschauer erwartet. Die Popularität des friesischen „Heimatsports", als welcher das Klootschießen vorzüglich in Funktionärskreisen tituliert wird, scheint ungebrochen; seine Traditionen aber sind es nicht. So ganz ohne Verrenkungen lässt sich kein Bogen spannen von Bernd Klootscheeter zu Hans-Georg Bohlken. Die Naturburschen von ehedem, die selbst bei Frost barfüßig und in Unterhosen an den Abwurf gingen, haben wenig gemein mit den Spitzenklootschießern von heute, die wie Leistungssportler trainieren und sich auch so kleiden. Zudem lebt der Friesensport längst nicht mehr vom Klootschießen allein. 41 000 Mitglieder zählt der Friesische Klootschießer-Verband, aber die meisten kennen das Klootschießen nur noch vom Zusehen. 95 Prozent der Friesensportler frönen heute einem Straßenspiel, dem Boßeln.

Die Funktionäre nennen das Boßeln gern eine „Abart des Klootschießens", was mancher Aktive, der die unterschiedlichen Bewegungsabläufe am eigenen Leibe erprobt hat, seinerseits „abartig" findet. Tatsächlich sind Boßeln und Klootschießen so grundverschieden wie etwa Speerwerfen und Bowling. Klootschießen steht für geballte Kraft, Boßeln für Fingerspitzengefühl. Klootschießen lebt von den Legenden bärenstarker Werfer, die immer Einzelkämpfer waren und sein mussten, da es solche Exemplare nun mal nicht im Dutzend gibt. Boßeln hingegen ist ein Volks-

Hans-Georg Bohlken im Einsatz: Der Kloot (250 bis 475 Gramm, Durchmesser 52 bis 58 Millimeter) muss während des Sprungs mit einer enormen Kreisbewegung aus der Hüfte geschleudert werden. Dabei darf er nicht zu hoch fliegen

sport, der in Ostfriesland an fast jedem Wochenende Tausende auf die Straße bringt. „Achtung Boßelspiele", warnen die Verkehrsschilder. Was diese beiden Sportarten verbindet, sind gemeinsame Regeln und das weite Dach des Friesensports.

Der alte Geist des Klootschießens lebt heute nur noch bei den großen Feldkämpfen zwischen Ostfriesland und Oldenburg auf. Man spricht in diesem Zustand auch von „Länderkämpfen": Sieben gegen sieben treten sie an, und die Zahl der Berufungen wird ebenso getreulich nachgehalten wie bei den Nationalspielern im Fußball. Gefrorener Boden ist Voraussetzung für den Wettbewerb, andernfalls könnten die Würfe (plattdeutsch: „Flüchte") nicht die gewünschte Fortsetzung in möglichst langem Trüllen erfahren. Bereitet sich ein Ostfriese auf den Wurf vor, wird hymnisch „In Ostfreesland is't am besten" intoniert, übrigens nach der Melodie von „Weißt du, wie viel Sternlein stehen". Die Oldenburger bringen ihre Werfer im Gegenzug mit „Heil dir, o Oldenburg" auf Touren. Und so geht es kilometerweit, Hymne auf Hymne, Wurf auf Wurf, über Felder und Weiden, über Zäune und ungezählte Gräben, die hier „Schlote" heißen. Zwischen Sieg und Niederlage liegen am Ende oft nur ein paar Meterchen.

Klootschießen ist Wintersport. Und Europameisterschaften, die im Mai stattfinden, sind unter diesem Aspekt eine Art Ostfriesenwitz; der Eiskunstläuferin Katharina Witt würde auch niemand zumuten, ihre Pirouetten auf einer Rollschuhbahn zu drehen … Aber die Europameisterschaften bestehen ja nicht nur aus dem Feldkampf. Beim sogenannten „Standkampf" geht es, dem Schleuderballwerfen vergleichbar, ausschließlich um die Weite des Wurfs. Und dann ist da noch das Straßenboßeln, die einzige Disziplin des Friesensports, bei der auch Frauen eine Europameisterin ermitteln und die gewöhnlich von den Iren gewonnen wird. Iren sind keine Friesen (sondern Kelten). Allein durch ihre Teilnahme an den Europameisterschaften versetzen sie dem friesischen Heimatsport-Pathos einen Dämpfer. Straßenboßeln kennt keine Heimatgrenzen.

In früheren Zeiten wurde vornehmlich in Wirtshausgärten geboßelt beziehungsweise gekegelt, was dasselbe war. Das Bild änderte sich, als im 18. und 19. Jahrhundert verstärkt Wege und Straßen angelegt wurden. Besonders da, wo sie schön flach und geradlinig verliefen, an der Küste also, war man nicht länger aufs Wirtshaus angewiesen. Die Wettkampfregeln für das neue Straßenspiel borgte man sich beim vertrauten Klootschießen, das in den Marschen vermutlich schon seit Urzeiten betrieben wird. Nicht immer waren die Zeitläufte dem Friesensport günstig. In den Wirtschaftswunderjahren und noch mehr in der Aufbruchseuphorie der späten 1960er und 1970er Jahre fiel der Heimatbegriff (von den Vertriebenenverbänden mal abgesehen) unter die Rubrik „Lästiges Erbe".

Als der spätere Klootschießer-Europameister Karl Kleemann 1971 nach Jahren der Abwesenheit in seine ostfriesische Heimat zurückkehrte, fühlte er sich wie unter Fremden: „Wir Klootschießer", erinnert sich Kleemann, „galten nur noch als Rabauken, die immerzu Streit suchten. Jeder Sinn für Traditionen war verlorengegangen. Plattdeutsch wurde kaum noch gesprochen. Es war schlimm."

Zu dieser Zeit sah sich Heie-Focken Erchinger, der Mann, der in Ostfriesland die Deiche baute, bemüßigt, mal einen ganz anderen Deich zu bauen – einen gegen das Vergessen. Es ärgerte ihn, dass es in seiner Behörde, dem Bauamt für Küstenschutz in Norden, zwar eine Fußballmannschaft, nicht aber ein Boßelteam gab. „Dabei", sagt Erchinger, „ist Boßeln doch unser Heimatspiel".

Folglich regte er einen Boßelvergleich der ostfriesischen und oldenburgischen Wasserwirtschaftsämter an. Die Resonanz war dürftig. Mehr als ein Häuflein Aufrechter kam nicht zusammen.

Doch die Stimmung sollte bald umschlagen. Die Heimat gewann an Boden. Es kamen die Ölpreis-Schocks, die Arbeitslosigkeit nahm zu und auch die Skepsis gegenüber den Verheißungen des Chip- und Atomkraftzeitalters. In gleichem Maße, wie die Zukunftsperspektiven sich verwischten, wandten sich immer mehr Blicke Halt suchend zurück aufs Altvertraute. Die regionalen Eigentümlichkeiten wurden wieder hervorgekehrt und waren auf einmal sogar von einem gewissen modischen Chic.

Nicht alles ließ sich ohne Weiteres wieder in seine alten Rechte setzen. Die plattdeutsche Sprache fristet, allen Beschwörungen zum Trotz, ein Stiefmütterchendasein in den lyrischen Sendenischen der Rundfunkanstalten und den zwanghaft humorigen Darbietungen von Heimatbühnen. Der Friesensport aber schwamm schnell obenauf auf der Welle romantischer Rückbesinnung. Die Klootschießer und viel mehr noch die Boßler erlebten unverhofft eine Renaissance ihres Sports.

Auch die Wasserwirtschaftsamts-Boßler treffen sich noch regelmäßig. Neulich erst, sechzig Teams aus ganz Niedersachen waren auf der Straße, mehr als 500 Teilnehmer. Und den meisten war es schnurzegal, ob es sich um ein friesisches Heimatspiel handelte oder nicht: Sie hatten einfach Spaß an der Sache. ■

Ascot ist in Hamburg

Zu Gast beim 141. Derby in der Galopp-Hochburg Rennbahn Horn – eine Reportage über Hüte, Zocker-Hoffnungen und edle Rösser

Thorsten und sein Wett-
kalender. Wer gewinnt, wer
„krepiert" (Fachjargon) auf
der Strecke? Der Jockey
im gelben Dress (links) war
gut, aber nicht gut genug

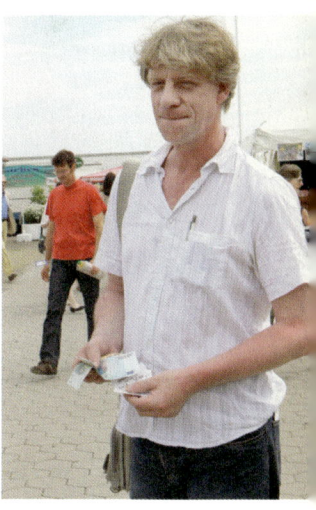

Hüte, Hüte und nochmal Hüte. Wer keinen dabeihat, braucht sich übrigens nicht zu schämen: Auf dem Gelände gibt es ein Zelt mit ausgewählten Exponaten. Die muss frau allerdings erst kaufen, bevor sie sie tragen kann ...

Puh, das war ein Rennen! Dieser Jockey hat gewonnen und marschiert mit seinem Pokal von der Siegerehrung im VIP-Zelt in die Umkleidekabine. Gerade mal 50 Kilogramm bringt der Reiter auf die Waage

Ganz nah dran: Der weiße Zaun trennt die Pferdesportbegeisterten von der Rennbahn

Komm, sagt er zu sich, komm, noch einen Zettel. Nur noch einen! Buden gibt es. Da, wo die Zettel sind. Die stecken in Ständern, abgeschirmt von den Registrierkassen. Draußen, da ist es sommerwarm, draußen, da dampfen die Pferde und das Kühle Blonde lockt am Pavillon. Und draußen, auf dem Gelände der Hamburger Galopprennbahn im Stadtteil Horn, da fliegt der Stift: Einer-, Zweier-, Dreierwette; Sieg, Platz – und auch der Dritte kriegt noch was ab. Draußen, da lockt das kleine Glück, wenn die Pferde im Pulk aus der Kurve in die Gerade biegen, dem Ziel entgegenjagen. Drinnen allerdings, in den vielen Kassen der Wettbüros, verschwindet das Geld so mancher Hobby- und Profizocker auf Nimmerwiedersehen.

„Zuerst setze ich kleine Summen, fünf Euro, nicht mehr", erklärt Thorsten. Zum „Anfühlen", wie er sagt. Er meint damit: Mal schauen, wie es heute läuft. Gleich im ersten Rennen hat er Glück – denke ich. Die Quote: Eins zu sieben, Thorstens Lächeln wirkt irgendwie triumphierend, als er mit den 35 Euro in kleinen Scheinen wedelt. Im zweiten Rennen des Tages gewinnt er wieder: 60 Euro, und ich staune: Das muss wohl ein Profi sein. Der Fuhlsbüttler Flughafenangestellte spendiert mir ein Bier und studiert konzentriert die Rennzeitung.

Das dritte Rennen, und Thorstens Tipp sticht wieder. „Heute habe ich einen Lauf", versichert er und holt sich zur Vorsicht gleich mal einen ganzen Batzen Wettscheine. Ich verspüre eine leichte Verengung im Brustbereich, so was nennt man, glaube ich, Neid. 180 Euro stecken jetzt in seiner Hemdtasche – und es sollen noch mehr werden. Am Ende dieses heißen Tages jedoch, acht Rennen später, wird Thorsten 50 Euro verzockt haben. Dafür ist er mal wieder um ein und dieselbe Erfahrung reicher: „Du gewinnst, willst mehr. Verlierst und setzt hoch, um den Verlust auszugleichen. Am Ende hast du verloren. Was soll's?", wird er mir in den Block diktieren. „Hat doch Spaß gemacht!" Und ich denke erleichtert: War eben doch nur Glück!

Jedes Jahr kommt Thorsten hierher, wenn in Hamburg großes Derby ist. Derby – das ist sozusagen der Eignungstest für dreijährige Stuten und Hengste. Die Pferde, die sich hier bewähren, haben gute Chancen, in den kommenden Jahren die Rennszene zu dominieren. Nicht nur in Deutschland, weltweit.

Derby ist aber auch ein hanseatisches Meeting der ganz besonderen Art, eines der gesellschaftlichen Top-Ereignisse des Jahres. Wohl nirgendwo sonst treffen Menschen aus nahezu allen sozialen Schichten derart geballt aufeinander. Reiche und Superreiche, Prominente und die, die es mal werden wollen, Arbeiter, Fachangestellte, Stu-

Die Bibel für Zocker und stets am Mann: Die „Sportwette". Hier holt sich Thorsten Wett-Tipps. Unten: Welches Pferd hat in dieser Saison schon mal wo gewonnen? Welcher Jockey war erfolgreich?

„Ich bin Hobby-Zocker", sagt Thorsten von sich. Auf dem Bild oben setzt er fünf Euro auf Platz, also darauf, wer im Rennen „vermutlich" Zweiter wird

denten, Pferdeliebhaber und -experten, Junge und Alte. Erna zählt 91 Lenze und war schon in den 1920er Jahren beim Deutschen Derby, das seit 141 Jahren in Hamburg an sieben aufeianderfolgenden Renntagen ausgetragen wird. Heute hat sie sich einen Stuhl mitgebracht, oder besser gesagt, ihre Tochter, und am Führring Platz genommen.

Im Führring präsentieren die Pferdebesitzer ihre Tiere vor jedem Rennen, damit sich das geneigte Fachpublikum ein Bild vom Zustand der edlen Rösser und ihrer Reiter, den leichtgewichtigen, zerbrechlich wirkenden Jockeys, machen kann. Erna sitzt immer hier, während ihre Tochter das Geschäftliche regelt – also die Tippscheine holt und den Einsatz entrichtet. „Meine Mutter ist nicht mehr so gut zu Fuß", sagt die Tochter. „Und hören kann sie auch kaum noch." Aber mit dem Sehen, das klappt noch sehr gut. Weshalb Erna es sich auch nicht nehmen lässt, die Wettscheine selbst auszufüllen. Auf wen sie setzt und ob sie schon gewonnen hat, lässt sich der alten Dame beim besten Willen nicht entlocken. Erfahrene Wetter sind äußerst diskret.

Gerade bahnt sich das Araberrennen des Tages an. Gemeint sind die Pferde, deren Rasse sich Araber nennt. Woran man solch edle Tiere erkennen kann, möchte ein kleines Mädchen von seiner Mutter wissen. Das Kind trägt ein zitronengelbes Kleidchen und hat einen schwarzen Basthut auf dem Kopf. Die Mutter trägt etwas Ähnliches, nur ein paar Nummern größer: „Die Köpfe von Arabern erinnern ein bisschen an die von Seepferdchen", erklärt sie. Genervt sind die Araberhengste, tänzeln durch den Parcours, manche sind von den Führmädchen, die die Tiere an der Leine haben, kaum noch zu bändigen. Rassig! Wie das blonde Model im hautengen, dunkelblauen Stretchkleidchen, das in einer Rennpause für einen Fotografen auf der Strecke posiert. Welch ein gekonnter Haarwurf. Der Mann mit dem Apparat liegt ihr zu Füßen – auf die richtige Perspektive kommt es eben an.

Thorsten schenkt der Szene keine Aufmerksamkeit und eilt zügigen Schrittes, mit dem Schein in der Hand, der nächstgelegenen Wettbude entgegen. Sein Tempo ist sicheres Indiz: Gleich beginnt das nächste Rennen. Gleich, im vierten Rennen, wird sein „Lauf", wie er es nennt, abrupt enden. Aber das weiß er ja noch nicht. Ein paar Schritte neben der Wettbude steht ein weißes Zelt, darin Damen, die an Sahnetörtchen erinnern, die Kleider in schaumig-cremigen Farben, unter Hüten in Wagenraddimensionen. In den Kelchen, die sie in den Händen halten, schimmert goldgelb der Champagner. Ihnen zur Seite stehen adrette Herren in Anzügen. Manche tragen

Hutbekenntnisse: Links Kolibri in Pink und Hellblau, rechts Afghanischer Windhut – ist doch schön!

Start frei! Rund 500 Pferde jagen an sieben Renntagen dem Ziel entgegen. Die schnellsten erreichen an die 70 Stundenkilometer

Blick von der Haupttribüne auf das Gelände der Galopprennbahn in Hamburg-Horn. Möglicherweise werden bald auch die Trabrennen aus Hamburg-Bahrenfeld hier ausgetragen

Erna, 91 (unten), ist der vermutlich älteste Stammgast beim Hamburger Derby

Na, richtig getippt? Drei ältere Damen studieren den Rennkalender. Gezockt wird eben nicht nur auf den billigen Plätzen, sondern auch hoch oben auf der Tribüne

Die voll besetzte Haupttribüne von Hamburg-Horn. 30 000 Gäste am Derbytag. 2010 wurden rund 1,6 Millionen Euro Preisgeld ausgeschüttet

So sehen Siegertypen aus: Der Derbygewinner im grünen Dress mit Rennsportmäzen Albert Darboven (Dritter von rechts), Inhaber und Geschäftsführer des Kaffee-Traditionsunternehmens

blaue Jackets mit goldenen Knöpfen und weiße Hüte mit schwarzer Banderole. Eine Kombination, die öfter zu sehen ist, je mehr sich der Derby-Besucher dem VIP-Bereich nähert. Im weißen VIP-Zelt finden die Siegerehrungen statt. Damen in blendendroten, engen Kostümen und schwarzen Pumps reichen Pokale und Schärpen und auch das eine oder andere Glas Schampus. Eine leise, ganz leise Szene ist das, weiße Tücher flattern an den Zeltseiten im Wind. Zum VIP-Bereich führen ein paar Stufen hinauf. Und hinein kommt nur der, der einen Ausweis trägt. Aber wirklich abgeschirmt wirkt das alles nicht. Jeder, der es sehen möchte, kann die Siegerehrungen von unten oder der gegenüberliegenden Haupttribüne aus gut mitverfolgen.

Tja, die Haupttribüne. Wohl nirgendwo sonst finden sich Damen mit so vielen Hüten an einem Ort. Außer vielleicht in Ascot, dem britischen Pendent zum Hamburger Derby – allerdings stets mit Königsfamilie unter seinen Gästen. Wie die das bloß schaffen, die Köpfe zusammenzustecken, um gemeinsam einen Blick in den Rennkalender zu werfen, ohne dabei ihrer Kopfbedeckung verlustig zu gehen?

Thorsten und ich haben auf einer Bierzeltbank Platz genommen. Ich werde mir gleich Pommes Rot-Weiß, eine Currywurst und ein Holsten im Pappbecher bestellen. Thorsten bittet mich, ihm ein Bier mitzubringen. Aha, denke ich, es muss wieder gespart werden. Um kurz nach 18 Uhr ist das letzte Rennen gelaufen, sein Geld ist futsch. Langsam leert sich das Gelände. Die Hüte verschwinden unbeobachtet, über Kanäle, die dem einfachen Volk nicht zugänglich sind, vielleicht ins Rennbahnhotel. Die Servicekräfte an den zahlreichen Getränke- und Schlemmerständen schenken noch ein letztes Bier aus. Um kurz nach sieben ist der Renntag in Horn zu Ende. Die Pferde haben Feierabend, die Jockeys auch.

Thorsten sagt Tschüss! Was bleibt, sind die Zettel, die kein Glück gebracht haben. Überall liegen sie. Auf der Haupttribüne, in den Katakomben darunter, wo sich die meisten Wettbüros befinden und die Profizocker sich am liebsten aufhalten. Da, wo weiße Stühle aus Plastik stehen, wie man sie oft in Schrebergartenkolonien findet. Die Flachbildschirme an den Wänden flimmern noch. Galoppierende Pferde und stolze Jockeys werden sie morgen wieder zeigen. Jetzt, nach dem Renntag, beginnt in Horn die Arbeit. In den Boxen und Stallgassen, die ausgemistet und gefegt werden müssen. Und auf dem Gelände, das eben noch 30 000 Menschen ein Spektakel bot. Emsige Helfer befreien es von den Wettscheinen – für den nächsten hoffnungsvollen Tag in Horn … ∎

Das letzte Rennen ist gelaufen. Thorsten hat seinen Gewinn und weitere 50 Euro verzockt. Reporter Michael leidet verschmitzt mit

Pferderennen auf dem Meeresgrund

Jeden Sommer wird das Watt zu einer riesigen Rennbahn und der Deich zu einer gigantischen Zuschauertribüne – dann findet bei Cuxhaven das Duhner Wattrennen statt. Doch wie lange noch?

U m zehn Uhr morgens ist es eine Idylle. Schnarchende Junggesellen in Campingstühlen mit Flaschenhalter; die Jungs der Freiwilligen Feuerwehr Cuxhaven tragen Brillen, die sie in amerikanischen Gangsterfilmen gesehen haben, ihre blonde Kollegin hat die Schuhe ausgezogen und sonnt sich. Dort, wo Luft und Wasser ineinander übergehen, treffen sich ein Containerschiff auf dem Weg nach Hamburg und ein Kreuzfahrtschiff, das von dort kommt. Familien haben die Strandkörbe belegt und packen Butterbrote aus. Die Kinder sammeln Appetit beim Bau einer Strandburg.

Die Insel Neuwerk schläft im Dunst, und die Jungs vom Technischen Hilfswerk prüfen zu viert die Festigkeit der im Watt stehenden Zäune. Die Ebbe hat erst ein paar Stellen trockengelegt. Ohne das Deutsche Hydrographische Institut in Hamburg und seine Berechnungen könnte das Duhner Wattrennen nicht stattfinden. Sechs Stunden läuft das Wasser in die Priele, sechs Stunden läuft es ab, alle zwölf Stunden ist Hoch-, alle zwölf Stunden Niedrigwasser. Die erste Maschine zur Berechnung der Gezeiten wurde 1916 in Potsdam gebaut. Da gab es das Duhner Wattrennen vor Cuxhaven, bei dem Pferde im Galopp und Trab über den Meeresboden rennen, schon ein paar Jahre. Heute sind Wasser und Meeresboden nicht mehr das, was sie bei der Premiere im Jahr 1902 waren.

Inzwischen berechnet ein Computerprogramm, in welchem Zeitraum das Rennen stattfinden kann, sodass keiner der 35 000 Zuschauer in Gefahr kommt. Da fließen der Wind, die Küstenlinie, die Wassertiefe, der Sandabfall, die Beschaffenheit der Bucht und natürlich Mond und Sonne in die Berechnungen ein.

Das Duhner Wattrennen ist eine konservative Angelegenheit. Pferdefachmann Hans-Heinrich Isenbart, 85 Jahre alt, trägt einen dunkelblauen Zweireiher mit goldenen Knöpfen und einen Stock. Was er äußert, hat gesetzgebende Kraft: „Der Kampf Fferd gegen Fferd in höchster Geschwindigkeit ist Ursprung des Fferdesports überhaupt."

Nirgendwo gibt es ein vergleichbares Turf-Spektakel: Zum Wattrennen in Duhnen kommen 35 000 Zuschauer

Über 150 Traber und Galopper gehen bei dem sechsstündigen Spektakel im Watt an den Start. Zwölf Rennen werden auf dem rund 1,2 Kilometer langen Rundkurs von Mensch und Tier absolviert. Höhepunkt ist das Rennen um den Wanderpokal des Niedersächsischen Ministerpräsidenten

Auch Henry Böhack, Präsident des Wattvereins, spricht von „Fferd" und „Sspaß" und von dem „Sstart", der alsbald erfolgt. Böhack fordert aber auch, dass „nicht noch mehr Schiet in unsere Elbe gekippt wird". Die Pferde sind in den letzten Jahren nicht kleiner geworden, sondern laufen weiter draußen im Watt. Das hat damit zu tun, dass das Watt in Ufernähe durch eine Sedimentschicht nie gekannter Dicke weicher als je zuvor ist. Die Sedimente haben laut der Forschungsstelle Küste zugenommen, weil die Hamburger die Elbe ausbaggern lassen und Millionen von Kubikmetern Sediment, die dabei anfallen, zwischen den Sandbänken vor Cuxhaven und vor Helgoland verklappt werden. Bei diesen Sedimenten mit dabei sind auch die 8 Millionen Kubikmeter Hafenschlick, die an der Köhlbrandbrücke anfallen.

Die Sedimente werden im Watt angespült und machen den Cuxhavenern Sorgen: Ist das eine natürliche Sache oder nicht? In einer ersten Beurteilung sagen die Küstenwissenschaftler, „dass offensichtlich die Baggerarbeiten in der Elbe für die Veränderung ursächlich sind". Geht das so weiter, ist das Wattrennen gefährdet. Es scheint, als würde auch bei Cuxhaven die Idylle dort am mildesten leuchten, wo die Widersprüche am schärfsten sind. ■

Beim Duhner Wattrennen müssen die Pferde immer weiter draußen im Watt laufen. Eine Begleiterscheinung der Elbvertiefung?

2. Abschied von Robert Enke, 2009

3. Sturmflut 1962

4. Winter 1978/79

Zehn unvergessene Ereignisse: Was den Norden bewegte

Ob schön, traurig oder aufregend – es gibt Momente, die man nie wieder vergisst ...

1. Deutsch-deutsche Grenzöffnung, 1989

5. Lena-Triumpf, 2010

6. ICE Eschede, 1998

7. Wunder von Lengede, 1963

1. Grenzöffnung, 1989 Am 9. November 1989 ist es so weit: Die Mauer fällt! Auch im Norden kommt es an der Grenze (im Bild: Lauenburg) in den folgenden Tagen zu ergreifenden Szenen: Überall liegen sich Menschen in den Armen und feiern die neue Einheit unseres Landes.

2. Abschied von Robert Enke, 2009 Es ist die größte Trauerfeier in der deutschen Sportgeschichte: Fast 40 000 Menschen nehmen im Hannoveraner Fußballstadion Abschied von Torwart Robert Enke.

3. Sturmflut 1962 „Land unter" in Hamburg: In der Nacht vom 16. auf den 17. Februar 1962 brechen die Deiche an mehr als 50 Stellen, ein Sechstel der Stadt steht unter Wasser. Retter in der Not: Innensenator Helmut Schmidt.

4. Winter 1978/79 In teils sieben Meter hohen Schneeverwehungen kommt selbst die Bundeswehr nicht mehr durch. Der Wintereinbruch fordert 17 Tote.

5. Lena-Triumph, 2010 Nach 28 Jahren gewinnt Lena Meyer-Landrut den Eurovision Song Contest für Deutschland. Die 19-jährige Hannoveranerin triumphiert mit deutlichem Abstand vor der zweitplatzierten Türkei.

6. ICE Eschede, 1998 Ein verschlissener und defekter Radreifen führt bei Eschede zum schlimmsten Zugunglück in der Geschichte Deutschlands: 101 Menschen kommen ums Leben ...

7. Wunder von Lengede, 1963 Am 24. Oktober 1963 bricht im Bergwerk im niedersächsischen Lengede Wasser ein. Nach elf Tagen werden noch elf überlebende Kumpel gerettet!

8. Sommermärchen, 2006 Weltmeisterschaft in Deutschland: Klinsmann ist neuer Nationaltrainer, Poldi, Schweini, Klose und Co begeistern – und die Nation versinkt in einem Meer aus Schwarz, Rot, Gold. Am Ende werden wir Dritter.

9. Barschel-Affäre, 1987 Der Ministerpräsident von Schleswig-Holstein gerät in der „Spitzelaffäre" zunehmend unter Druck („Ich gebe Ihnen mein Ehrenwort"). Am 11. Oktober wird er in der Badewanne eines Hotelzimmers in Genf tot aufgefunden.

10. Beatles in Hamburg, 1960 Die Karriere der „Pilzköpfe" beginnt 1960 in Hamburg: Ihr erstes Engagement haben die Beatles in der „Indra Bar", später treten sie im Kaiserkeller und dem legendären Star-Club auf.

8. Sommermärchen, 2006

9. Barschel-Affäre, 1987

10. Beatles in Hamburg, 1960

Volksfeste gibt es viele in Deutschland – wie heißt eines der ältesten (oben links)?

Helgolands Möwen (oben rechts) brauchen kein Kennzeichen – die Autos schon. Mit welchem Buchstaben beginnen die?

Der Nord-Ostsee-Kanal beginnt in Brunsbüttel und endet in Kiel (unten). Unter welchem Namen wurde er 1895 eröffnet?

Sind Sie eine Leuchte des Nordens?

Fünf Kandidaten aus fünf norddeutschen Bundesländern und ein Leuchtturm als Preis – das ist die „NDR Quizshow" mit Carlo von Tiedemann. Hätten Sie das Zeug zum Nordlicht ...?

Frage 1

Welche epochale Erfindung gelang dem Rostocker Wilhelm Bartelmann im Jahre 1882?

A Regenschirm
B Strandkorb
C Lenkdrachen
D Gummistiefel

Frage 2

Welches norddeutsche Gebirge besucht Goethes „Faust" mit Mephisto?

A Wiehengebirge
B Weserbergland
C Harz
D Teutoburger Wald

Frage 3

Pellworm und Nordstrand sind Reste der 1634 bei einer Sturmflut zerbrochenen Insel ...?

A Strand
B Sand
C Düne
D Küste

Frage 4

Welchen Namen erhielt der Nord-Ost-see-Kanal bei seiner Eröffnung?

A Kaiser-Wilhelm-Kanal
B Bismarck-Kanal
C Baltic-Kanal
D Kiel-Kanal

Frage 5

Wie läuft die tägliche Hochwasser-welle in die deutsche Bucht ein?

A   von Süden nach Norden
B   von Westen nach Osten
C   von Norden nach Süden
D   von Osten nach Westen

Frage 6

Welche Stadt wurde der Sage nach von zwei Brüdern erbaut, denen jedoch kein Name dafür einfiel?

A   Gifhorn
B   Duderstadt
C   Aurich
D   Buxtehude

Frage 7

Mit welchen Buchstaben beginnen die Autokennzeichen auf Helgoland?

A   HGN
B   HEI
C   PI
D   N

Frage 8

Wie heißt das älteste Volksfest Deutschlands?

A   Hamburger Dom
B   Osnabrücker Schnatgang
C   Hannoveraner Schützenfest
D   Bremer Freimarkt

Frage 9

Wo gab Rocklegende Jimi Hendrix zwölf Tage vor seinem Tod sein letztes Konzert?

A   Ralswiek auf Rügen
B   Flügge auf Fehmarn
C   Wyk auf Föhr
D   List auf Sylt

Frage 10

Für welches Produkt ist die Braunschweiger Firma Schimmel weltberühmt?

A   Käse
B   Klaviere
C   Kaviar
D   Kunstdünger

Frage 11

Was bedeutet „glasen" an Bord eines Schiffes?

A   Einen trinken
B   Halbe Stunde anschlagen
C   Mit Fernglas den Horizont beobachten
D   Ein Bullauge erneuern

Frage 12

Der legendäre Handelsplatz der Wikinger hieß ...?

A   Hadamar
B   Haithabu
C   Halma
D   Halai

Frage 13

Unter welchem Namen wurde
die Dessauerin Johanne
Marie Müller in Hamburg
bekannt?

A Äppelschnutensuse
B Zitronenjette
C Maronentrude
D Erdbeermarie

Frage 14

Eine andere Bezeichnung für
Gezeiten ist …?

A Tiden
B Pegel
C Kolke
D Buhnen

Frage 15

Bei welcher Stadt mündet die
Elbe in die Nordsee?

A Cuxhaven
B Wilhelmshaven
C Bremerhaven
D Wischhafen

Frage 16

Den ersten offiziellen FKK-Strand
an Deutschlands Küsten
gab es in den 20er Jahren auf …?

A Sylt
B Hiddensee
C Poel
D Borkum

Frage 17

Für welche Fernsehserie diente
Schloss Wotersen als Kulisse?

A „Samt und Seide"
B „Das Erbe der Guldenburgs"
C „Ein Bayer auf Rügen"
D „Rivalen der Rennbahn"

Frage 18

Welche Stadt gehörte nie zum
Bund der Hanse?

A Wismar
B Lübeck
C Emden
D Stralsund

Frage 19

Wie nennt man das jährliche
Abbrennen von Busch- und
Reisighaufen in Nordfriesland
am 21. Februar?

A Winterleuchten
B Fastnachtfeuer
C Biikebrennen
D Prickenfackeln

Frage 20

auf welchem Berg befindet
sich Norddeutschlands
nördlichster Skilift?

A Harzer Brocken
B Usedomer Bömkenberg
C Hamburger Süllberg
D Bungsberg in Schleswig-Holstein

Frage 21
Was sind „Schillerlocken"?

A Wellenkämme

B Bauchlappen des Dornhais

C Rangabzeichen eines Admirals

D weißer Bernstein

Frage 22
Wie heißt die südlichste Stadt Mecklenburg-Vorpommerns?

A Dömitz

B Müritz

C Neustrelitz

D Boizenburg

Frage 23
Was ist ein „Semaphor"?

A Mittelalterliches Trinkgefäß

B Nebelhorn

C Friesische Gottheit

D Wind- und Seegangsanzeiger

Frage 24
Wo Werra sich und Fulda küssen ...?

A ... sie ihren Namen büßen müssen

B ... sie ihre Richtung ändern müssen

C ... sie lieblich ihre Wellen büßen

D ... sie ihre Kräfte müssen büßen

Frage 25
Was erfand Rudolf Hell aus Kiel?

A Faxgerät

B Musikkassette

C Handy

D Videorekorder

Frage 26
Was wurde 1648 in Osnabrück von einer Rathaustreppe verkündet?

A Westfälischer Friede

B Stadtrecht

C Aufhebung der Monarchie

D Gründung Niedersachsens

Die Belegschaft der Braunschweiger Fabrik Schimmel (links): Auf was sind diese Herren bloß so stolz?

Bereits in den 20er Jahren gab es in Deutschland offizielle FKK-Strände (rechts) – nur wo lagen die?

Das Abbrennen von Reisighaufen am 21. Februar in Nordfriesland folgt einer 2000 Jahre alten Tradition

Und hier sind die richtigen Antworten unseres Nordlicht-Tests

Antwort zu Frage 1:
B Strandkorb

Eigentlich verdanken wir Elfriede Maltzahn aus dem renommierten Strandbad Kühlungsborn die Erfindung des Strandkorbes. Sie liebte den Strand über alles, wurde aber altersbedingt vom Rheuma geplagt. MIt der Idee, sich einen schützenden Korbstuhl für den Strand bauen zu lassen, ging sie zum Rostocker Hof-Korbmacher Wilhelm Bartelmann. Dieser baute das Grundmodell aller heutigen Strandkörbe – aus heimischer Weide, spanischem Rohr und Markisenstoff.

Antwort zu Frage 2:
C Harz

Mephisto nimmt Faust mit zum Hexentanz in den Harz, wo sie einem zügellosen und grenzenlosen Hexentreiben beiwohnen. Johann Wolfgang von Goethe, 1749 in Frankfurt am Main geboren und 1832 in Weimar verstorben, gilt als größter deutscher Dichter und ist eine der herausragenden Persönlichkeiten der Weltliteratur.

Antwort zu Frage 3:
A Strand

Außerdem sind noch die Halligen Nordstrandischmoor und Hamburger Hallig von der einst 220 Quadratkilometer großen Insel erhalten geblieben. Eine der Ursachen für die damals verheerende Wirkung der Fluten lag in dem massiven Torfabbau in der Region. Dieser führte zu einer Absenkung des Landes und erleichterte es den herannahenden Fluten, die Insel zu zerschlagen.

Antwort zu Frage 4:
A Kaiser-Wilhelm-Kanal

Kaiser Wilhelm II. taufte das Bauwerk auf den Namen seines Vaters. Der Nord-Ostsee-Kanal ist die meistbefahrene künstliche Wasserstraße der Welt. Sie ist 99 Kilometer lang und kürzt die Strecke um Kap Skagen um etwa 250 Seemeilen ab.

Antwort zu Frage 5:
B von Westen nach Osten

Ist etwa ganz im Westen auf der Insel Texel um 7:00 Uhr Hochwasser, dauert es bis Hamburg noch bis 12:00 Uhr und im Norden Dänemarks noch weitere drei Stunden bis Hochwasser.

Antwort zu Frage 6:
B Duderstadt

Einer alten Sage nach wurde Duderstadt von zwei Brüdern erbaut. Die Stadt wuchs und wurde größer, jedoch stellten

die beiden fest, dass eines fehlte: ein Name. Da sich die Brüder gegenseitig nicht bevormunden wollten, meinte einer zum anderen: „Gib du der Stadt den Namen!" Und dabei blieb es bis heute. Duderstadt als ehemalige Großstadt des Mittelalters besitzt eine Altstadt mit 600 Fachwerkhäusern. 1994 wurde der gesamte Altstadtbereich umfangreich saniert. Besonders hervorzuheben sind das historische Rathaus (eines der ältesten in Deutschland), die beiden großen Kirchen und der Westerturm, bekannt für seine gedrehte Spitze.

Antwort zu Frage 7:

C Pl

Verwaltungstechnisch gehört die Insel zum schleswig-holsteinischen Landkreis Pinneberg, Kfz-Kennzeichen Pl. Die Buchstaben NF stehen für Nordfriesland, HEI für Heide und HGN für Hagenow.

Antwort zu Frage 8:

D Bremer Freimarkt

Die Anfänge des Bremer Freimarkts sind auf den 16.10.1035 datiert. Damals verlieh Kaiser Konrad II. dem Bremischen Erzbischof Bezelin die Jahrmarktgerechtigkeit. Bis 1809 war der Freimarkt ein reiner Warenmarkt. Mit jährlich 4 Millionen Besuchern und 345 Schaustellern ist der Bremer Freimarkt heute eines der größten Volksfeste Deutschlands.

Antwort zu Frage 9:

B Flügge auf Fehmarn

Ein Gedenkstein zu Ehren Jimi Hendrix' erinnert an das dreitägige Love-and-Peace-Konzert, das auf einem Acker bei Flügge auf Fehmarn stattfand. Hendrix verstarb am 18. September 1970.

Antwort zu Frage 10:

B Klaviere

Das 1885 von Wilhelm Schimmel gegründete Unternehmen ist seit 1927 in Braunschweig ansässig und genießt im kleinen Kreis der Pianofortehersteller den ausgezeichneten Ruf, Instrumente der Spitzenklasse zu fertigen.

Antwort zu Frage 11:

B Halbe Stunde anschlagen

Glasen heißt: die halbe Stunde anschlagen. Bevor es Uhren auf Schiffen gab, wurde der Tag in 48 halbe Stunden eingeteilt. Diese halben Stunden wurden mit einer Sanduhr gemessen und es erfolgte ein Glockenschlag.

Antwort zu Frage 12:

B Haithabu

Haithabu an der Schlei (Schleswig) kam um 900 an die Wikinger, die aus dem Ort einen der bedeutendsten Handelsplätze Nordeuropas machten. Seit 1900 werden dort umfangreiche Ausgrabungen durchgeführt.

Alle halbe Stunde ein Glockenschlag (links) – beim „Glasen" wurde die Zeit mit der Sanduhr gemessen

Ebbe in der Nordsee (rechts): Das Hochwasser läuft von Westen nach Osten in die Deutsche Bucht ein

Antwort zu Frage 13:

B Zitronenjette

Die Zitronenjette verkaufte in den letzten beiden Jahrzehnten des 19. Jahrhunderts in Hamburger Kneipen „Zitrone, Zitrone". Geistig verwirrt starb sie 1916 in einer Hamburger Anstalt. Unvergessen blieb sie durch das gleichnamige Theaterstück, das bereits 16 Jahre vor ihrem Tod erschien.

Antwort zu Frage 14:

A Tiden

Spricht der Küstenbewohner von „Tiden", meint er Ebbe und Flut. „Pegel" bezeichnet den gemessenen Wasserstand, ein „Kolk" ist ein Wasserloch, und „Buhnen" sind vom Strand ins Wasser reichende Uferbefestigungen.

Antwort zu Frage 15:

A Cuxhaven

Am westlichen Ufer der Elbmündung liegt Cuxhaven. Die Stadt ist staatlich anerkanntes Seebad, Ausgangspunkt für Wattwanderungen, Hafenplatz für Übersee- und Fährverkehr und der zweitgrößte Fischereihafen Deutschlands.

Antwort zu Frage 16:

A Sylt

Bei Westerland auf Sylt fing alles an. Zuvor gab es offizielle FKK-Strände nur an einigen Seen der Berliner Region.

Antwort zu Frage 17:

B „Das Erbe der Guldenburgs"

Die Familienserie um die „Guldenburgs" wurde im Herrenhaus Wotersen bei Hamburg im Kreis Herzogtum Lauenburg gedreht. Das Schloss war von 1717 bis 1996 Sitz der Grafen von Bernstorff.

Antwort zu Frage 18:

C Emden

Emden beherbergte lieber die Vitalienbrüder, unter ihnen auch Klaus Störtebeker und Gedecke Michels, was einigen Streit mit der Hanse, insbesondere mit den Hamburgern und Lübeckern, nach sich zog.

Antwort zu Frage 19:

C Biikebrennen

Am 21. Februar feiern die Nordfriesen ihr Nationalfest. Die Ursprünge dieses Festes liegen in heidnischer Vorzeit. Wahrscheinlich ist, dass das Fest das kommende Frühjahr begrüßen und die bösen Geister des Winters vertreiben sollte. Der Legende nach wurde schon vor über 2000 Jahren der Germanengott Wotan mit diesen „Opferfeuern" gnädig gestimmt.

Antwort zu Frage 20:

D Bungsberg in Schleswig-Holstein

Der Bungsberg ist mit seinen 168 Metern der höchste Berg Schleswig-Holsteins.

Bei entsprechender Wetterlage wird ein mobiler Lift errichtet, allen Wintersportbegeisterten steht dann eine circa 500 Meter lange Abfahrt zur Verfügung: Ski Heil!

Antwort zu Frage 21:
B Bauchlappen des Dornhais
Die dünn geschnittenen, beim Räuchern eingerollten Bauchscheiben des Dornhais werden unter dem Namen „Schillerlocken" vermarktet. Dornhaie haben eine Länge von bis zu 1,20 Metern und kommen auch in der Nordsee vor.

Antwort zu Frage 22:
A Dömitz
Dömitz liegt an der Grenze zu Niedersachsen am rechten Elbufer. Es ist berühmt für seine Renaissancefestung, die als besterhaltene Flachlandfestung im nördlichen Europa gilt. Ein literarisches Denkmal erhielt die Anlage durch den dort 1839/40 inhaftierten Fritz Reuter („Ut mine Festungstid").

Antwort zu Frage 23:
D Wind und Seegangsanzeiger
Dieses eindrucksvolle Gerät ist in Cuxhaven erhalten und bis heute in Betrieb. An zwei gewaltigen Masten werden mit Zeigern Wind und Wellengang vor Borkum Riff und vor Helgoland angezeigt. Manchmal lebenswichtig.

Antwort zu Frage 24:
A … sie ihren Namen büßen müssen
In Hannoversch Münden treffen beide Flüsse aufeinander, und dort ist ein Stein mit folgender Inschrift aufgestellt: „Wo Werra sich und Fulda küssen, sie ihren Namen büßen müssen, und dort entsteht durch diesen Kuss deutsch bis zum Meer der Weserfluss."

Antwort zu Frage 25:
A Faxgerät
Dr. Hell gilt als einer der bedeutendsten Erfinder des 20. Jahrhunderts. Er erfand neben dem Faxgerät (1956) unter anderem auch den Scanner (1963). Im März 2002 starb der Ehrenbürger der Landeshauptstadt Schleswig-Holsteins im Alter von 100 Jahren in Kiel.

Antwort zu Frage 26:
A Westfälischer Friede
Nach verheerenden 30 Jahren Krieg in Mitteleuropa wird von der Rathaustreppe in Osnabrück der Friede verkündet. Weite Landstriche Deutschlands sind nahezu entvölkert.

Musikstadt Braunschweig (links): Nicht nur edle Klaviere kommen von hier, sondern auch Geigen und Gitarren

Der Semaphor an der Elbmündung bei Cuxhaven (rechts) zeigt Wind und Wellengang auf der Nordsee an

Bildnachweise

Seite 24–25 Sandra Schulz, Bernd Bußmann

Seite 26–27 Dietrich Koch, Sandra Schulz

Seite 28–29 Sandra Schulz, Bernjohann/Flickr, Sandra Schulz (u.)

Seite 30–31 Dietrich Koch, Sandra Schulz

Seite 32–33 Sandra Schulz

Seite 34 x-ray-andi/pixelio.de, Stefani Abel/pixelio.de

Seite 35 Thomas Schubert/pixelio.de, Hofschläger/pixelio.de,
Uwe Heinrich/pxelio.de, Stefani Abel/pixelio.de (u.)

Seite 36 x-ray-andi/pixelio.de, Stock/LKN, Stock/LKN, kretsche/pixelio.de

Seite 37 Melanie Meske/pixelio.de, coastdriver/pixelio.de

Seite 38 NDR/Videoscope/Isa Walther, dpa/picture-alliance,
NDR/Nik Konietzny/Carlos Carabi Negueruela, ARD/Thorsten Jander (u.)

Seite 39 dpa/picture-alliance, ARD/Thorsten Jander,
WDR/Michael Böhme, dpa/picture-alliance (2), NDR/Studio Hamburg

Seite 40–41 Nico Maack

Seite 42 Nico Maack, Isa Walther, Isa Walther

Seite 43–44 Nico, Maack

Seite 45 Isa Walther, Nico Maack (2)

Seite 46 Jann Wilken (2)

Seite 47 Jann Wilken (3), David Hohndorf (2)

Seite 48–49 Jann Wilken

Seite 50 Jann Wilken (2), Nico Maack (u.)

Seite 51 Jann Wilken (4)

Seite 52 Olaf1541/Wikipedia, Sven Grundmann/pixelio.de,
Andreas Steinhoff/Wikipedia, JuTe CLZ/Wikipeda (u.)

Seite 53 Gabi Hamann/pixelio.de, Ulla Trampert/pixelio.de, Enrico Schukat/pixelio.de, Markus Schweiß/pixelio.de, Hans Peter Dehn/pixelio.de, Stock/LKN

Seite 54–56 Dirk Schmidt/pixelio.de,

Seite 58–59 Jürgen Weingarten/pixelio.del

Seite 59 Harzer Verkehrsverband e. V., Nationalpark Harz

Seite 60 Ralf Möller-Dietz, Dorothea Ahlers | www.doro-shot.de

Seite 61 Dorothea Ahlers | www.doro-shot.de

Seite 62–69 Dorothea Ahlers | www.doro-shot.de

Seite 70 Stade-Tourismus (3)

Seite 71–74 Dorothea Ahlers | www.doro-shot.de (2)

Seite 75 Hans Snoek/pixelio.de, Gabi Anna Müller/www.worpswede.de, Ncole Kanning/www. worpswede.de

Seite 76–77 Ralf Möller-Dietz

Seite 78–79 Schlei-Ostsee GmbH, Ralf Möller-Dietz

Seite 80 Jetti Kuhlemann/pixelio.de, kristincs/pixelio.de, Jerzy Sawluk/pixelio.de, Tourismus Marketing Niedersachsen GmbH (u.),

Seite 81 Vodimiwado/Wikipedia, Holger Weinhard/Wikipedia, Tourismus Marketing Niedersachsen GmbH, Tourismus Marketing Niedersachsen GmbH (u.), Birgit/pixelio.de

Seite 82 Dorothea Ahlers | www.doro-shot.de (2), Ralph Sommer (u.)

Seite 83 Dorothea Ahlers | www.doro-shot.de (2), Ralph Sommer (u.)

Seite 84–93 Dorothea Ahlers | www.doro-shot.de

Seite 94–97 Ralph Sommer

Seite 98–101 Dorothea Ahlers | www.doro-shot.de

Seite 102–103 dpa/picture-alliance

Seite 104–109 Dorothea Ahlers | www.doro-shot.de

Seite 110–117 Uwe Ernst

Seite 118–125 Dorothea Ahlers | www.doro-shot.de

Seite 126 Eagle x/Wikipedia, Ulf Cankers/Wikipedia, d-g/pixelio, Mirko-Boy/pixelio.de (u.)

Seite 127 Andrea Herzig, Criusha/Wikipedia, Peter von Bechen/pixelio.de, H. Richter/pixelio.de, Lapplaender/Wikipedia, southgeist/Wikipeia

Seite 128–133 dpa/picture-alliance

Seite 134–135 Initiative Bremer Karneval e. V./Norbert A. Müller

Seite 136 Initiative Bremer Karneval e. V./Norbert A. Müller, Initiative Bremer Karneval e. V./Thomas Böhnert

Seite 137 Initiative Bremer Karneval e. V./Norbert A. Müller

Seite 138–139 Störtebeker Festspiele GmbH & Co. KG

Seite 140 Lizenzfrei, dpa/picture-alliance (3)

Seite 141 dpa/picture-alliance

Seite 142–143 Gerold Meischen/friesensport.de-Redaktion, Ute Draschba

Seite 145 Gerold Meischen/friesensport.de-Redaktion

Seite 146–153 Dorothea Ahlers | www.doro-shot.de

Seite 154–157 galloppfoto.de/Frank Sorge

Seite 158–159 dpa/picture-alliance

Seite 160 Ernst Rose/pixelio.de, Axel Wolkowski/pixelio.de

Seite 162 Wikipedia, Marco Barnebeck/pixelio.de, Hans-Peter Dehn/pixelio.de

Seite 165 Detlev Müller/pixelio.de, campione/pixelio.de

Seite 167 Helga Ewert/pixelio.de, virra/pixelio.de

DIE SCHÖNSTEN POPSONGS DES NORDENS

0205705ER

Die Doppel-CD zur gleichnamigen Sendung mit
40 der beliebtesten Songs der NDR-Zuschauer!

NEUES AUS BÜTTENWARDER

Das Kultbuch zur Kultserie!

Norbert Eberlein
und Ulfert Becker
Zu Besuch in Büttenwarder
Leute, Landschaft,
Lütt un Lütt
ISBN 978-3-941378-31-5
€ 14,95

Geschichten, Hintergründe, Informationen,
Bilder – alles aus Büttenwarder,
was Sie schon immer wissen wollten